CHOISI

POUR ETRE UN

DISCIPLE

CE QUE CHAQUE PERSONNE DEVRAIT SAVOIR

Robert J. Charles, PhD, DMin

ISBN: 978-1-7369739-9-8

Le problème fondamental de l'Église est qu'elle incarne un discipulat superficiel. Le Dr Charles nous rappelle certaines considérations bibliques essentielles sur le discipulat, répondant à certaines des questions les plus importantes concernant ce sujet crucial.

Gerson P. Santos, DMin
Secrétaire Associé, Conférence Générale des Adventistes du Septième Jour

Dans ce livre Dr. R. Jean-Marie Charles a fait un excellent travail en expliquant l'importance et le processus du discipulat.

G. Earl Knight
Président de l'Union Atlantique

Dans ce livre, le Dr Robert J. Charles partage son cœur de disciple. Sa compréhension biblique claire de l'appel ainsi que les applications fort pratiques à une vie de disciple font de ce livre une lecture incontournable.

Jose Cortes Jr., Directeur Ministériel Associé pour l'Évangélisation
Division Nord-Américaine des Adventistes du Septième Jour

Choisi pour être un disciple est un cri du cœur passionné d'un leader spirituel qui peut témoigner du besoin urgent d'un discipulat authentique au sein de nos églises. Dénonçant la machination du diable qui recourt à l'obscurcissement pour freiner le voyage ascendant du peuple de Dieu... Cette publication opportune aidera le peuple choisi de Dieu à prospérer dans un monde antagoniste et à atteindre "la mesure de la stature parfaite du Christ" (Éphésiens 4:13).

Dr. Bordes Henry Saturné, MEd, MTh, PhD
Director du Département de Leadership de l'Université Andrews

Je recommande vivement ce livre à tous les lecteurs qui souhaitent approfondir leurs connaissances sur le discipulat...Ce livre est une lecture incontournable pour vous. Choisi pour être un disciple devrait être dans la bibliothèque de quiconque souhaite exceller dans la mission de faire des disciples.

Dr. Pierre E. Omeler
Secrétaire Exécutif, Conférence de l'Union Atlantique

À ma tendre épouse, Gina.

À tous les laïcs, pasteurs, administrateurs, étudiants en théologie et enseignants rencontrés au fil des ans qui souhaitent être des disciples de Jésus…

Ce livre est pour vous.

En Lui, Dieu nous a choisis avant la création du monde pour que nous soyons saints et sans défaut devant Lui dans Son amour.

—Éphésiens 1:4

Ce n'est pas vous qui m'avez choisi ; mais moi, je vous ai choisis, et je vous ai établis, afin que vous alliez, et que vous portiez du fruit, et que votre fruit demeure, afin que ce que vous demanderez au Père en mon nom, Il vous le donne.

—Jean 15:16

Pour nous, frères bien-aimés du Seigneur, nous devons à votre sujet rendre continuellement grâces à Dieu, parce que Dieu vous a choisis dès le commencement pour le salut, par la sanctification de l'Esprit et par la foi en la vérité.

—2 Thessaloniciens 2:13

SOMMAIRE

PRÉFACE

Le fait qu'un grand nombre de personnes abandonnent nos églises chaque année me préoccupe énormément. En février 2019, après avoir assisté au camp de formation sur les implantations d'églises de la NAD (division nord-américaine) en Floride et avoir lu plusieurs livres, mon âme a été ravivée par la nécessité pour les membres de l'Église d'être des disciples de Jésus. Le discipulat est devenu la devise d'une école d'évangélisation que nous mettons en œuvre au sein de certaines églises de la Conférences de la Greater New York, où j'ai eu l'honneur de présenter deux séminaires sur la formation des disciples. Ma préoccupation concernant le statu quo de certaines églises n'a fait que s'accroître.

En juillet 2019, je me trouvais au Mexique, étudiant pour un doctorat en administration des affaires. Le Dr Emmer Chacón a alors attribué un travail à la classe concernant le *Biblical Worldview II*. Nous devions effectuer des recherches et préparer un article sur un sujet théologique. J'ai pensé qu'il s'agissait là de l'occasion idéale pour écrire sur le discipulat. Tandis que j'effectuais des recherches pour ce devoir, Dieu m'a convaincu que je devais écrire un livre sur ce sujet. Et pour prouver qu'il s'agissait bien de ma mission, le Seigneur a accompli de nombreux miracles tout au long du processus de production de ce livre.

Dans cette ère post-COVD-19, si vous êtes toujours en vie, c'est qu'il y a une raison. Dieu a un but pour vous. Il veut que vous deveniez un disciple de Jésus. Les mégatendances vont continuer à changer et à remodeler notre monde avec des innovations perturbatrices à un rythme frénétique. Plus que jamais, il est essentiel que vous vous concentriez sur ce qui est constant: le dessein de Dieu pour votre vie, à savoir devenir un disciple. C'est le plan divin pout tout homme et toute femme.

Je vous invite à lire ce livre avec un esprit de prière afin que le Saint-Esprit puisse vous révéler la vérité trouvée dans ces pages pour une expérience spirituelle plus profonde. J'espère qu'après avoir lu ce livre, vous découvrirez la nécessité et la joie d'être un disciple de Jésus. La communion avec Jésus est d'une richesse sans pareille et procure un pur sentiment de bonheur.

PARTIE I

POURQUOI ETRE UN DISCIPLE?

CHAPITRE 1

---◆－◆－◆►---

CHOISI POUR COMPRENDRE LA NECESSITE D'ETRE UN DISCIPLE

"Le discipulat, au fond, implique la transformation aux niveaux les plus profonds de notre compréhension, de notre affection et de notre volonté par le Saint-Esprit, à travers la Parole de Dieu et en relation avec le peuple de Dieu."

—Jim Putman

Entre 1965 et 2017, l'Église Adventiste du Septième jour a compté 37 138 884 membres. Parmi ceux-ci, 14 521 088 ont choisi de la quitter, ce qui correspond à une perte nette de 42%. "En effet, quatre membres d'église sur dix nous échappent".[1] Dans la grande majorité des dénominations, les églises sont en déclin ou en position de statu quo.

Il est navrant de constater qu'au bout de 15 ou 25 ans, certaines églises sont en déclin ou n'accueillent aucun nouveau membre. Quelque chose ne va pas. Il ne s'agit pas d'une fatalité. L'une des raisons peut résider dans le fait que de nombreux membres d'église ne comprennent pas comment être des disciples de Jésus, ce qui est une véritable tragédie!

Dans ce monde, il existe une réelle polémique. Ce combat doit concerner chacun d'entre nous sur cette planète; chacun doit être en mesure de saisir l'essence même de la question et son impact. La pionnière chrétienne américaine White[2] a écrit: "Beaucoup considèrent ce conflit entre Christ et Satan comme n'ayant aucune incidence particulière sur leur propre vie. Pour eux, il ne présente guère d'intérêt. Or dans le cœur de tout humain, cette controverse se répète."[3]

> Dans le cœur de tout humain, cette controverse se répète.

Nous participons tous à une bataille. Nous menons tous nos combats. Pour gagner cette bataille et restaurer dans nos âmes l'image de Dieu, Jésus a donné à Ses suiveurs un ordre précis: *faites des disciples.* Avant de quitter Ses propres disciples, Jésus leur commanda d'aller faire de toutes les nations des disciples. Ce commandement est connu sous le nom de "Grande Commission". Celle-ci est d'une telle importance que nous la trouvons à la fin de chacun des quatre Évangiles: Matthieu 28:18–20, Marc 16:15–20, Luc 24:45–49 et Jean 20:21–23. Mais l'objectif de la Grande Commission ne se limite pas à ajouter des personnes à une nouvelle église. C'est la manière dont Dieu aide les hommes et les femmes à ressembler davantage à Jésus. C'est pourquoi l'ennemi fera tout ce qui est en son pouvoir pour empêcher l'Église d'accomplir cette tâche. La Grande commission - faire des disciples - est la dernière volonté de Jésus pour son église.

Le problème

J'aimerais que vous reconnaissiez qu'il y a bel et bien un problème. Quelque chose est terriblement négligé dans notre processus d'évangélisation. C'est une affaire très sérieuse qui peut vous mener à vivre une vie chrétienne superficielle.

Tyrrell, directeur de la communication pour la Conférence des Bermudes, pense que le nombre important de membres quittant l'église est "une source de grande préoccupation" et "le problème majeur auquel l'Église est confrontée à l'heure actuelle."[4]

Bien que le discipulat, selon les mots de Jésus, soit la stratégie à adopter pour gagner le monde, selon Onyinah[5], ce commandement a été ignoré. Brown[6] considère que le problème vient du fait que l'Église enseigne aux personnes comment devenir chrétiens, et non comment devenir des disciples.

Hull[7] soutient que l'Église est en train de créer un christianisme sans disciples. La culture de l'Église dans le Nord global – ensemble avec l'Australie, la Nouvelle-Zélande et l'Afrique du Sud - a largement accepté l'idée d'un christianisme sans disciples. On peut être chrétien sans se contraindre à se soumettre à Christ et à Le suivre.

> Le fait que l'Église ait échoué à accomplir un mandat aussi évident ne peut être attribué qu'à un plan diabolique. L'essence même de la crise actuelle de l'Église réside dans le fait que nous parlons de la formation des disciples, mais que nous ne la mettons pas en pratique. Nous avons perdu l'intégrité de notre mission.

Hull dit: "Le fait que l'Église ait échoué à accomplir un mandat aussi évident ne peut être attribué qu'à un plan diabolique. L'essence même de la crise actuelle de l'Église réside dans le fait que nous parlons de la formation des disciples, mais que nous ne la mettons pas en pratique. Nous avons perdu l'intégrité de notre mission"[8]

Bullón[9] affirme que le problème vient du fait que la plupart des chrétiens se contentent d'être croyants. Ce ne sont pas des faiseurs de disciples; ce ne sont que de simples spectateurs du programme du sabbat. Ils jugent et évaluent le programme, approuvent ou désapprouvent. Ils apportent leur dîme et leurs offrandes, mais ne sont aucunement engagés dans la mission.

Willard écrit que "l'hypothèse dominante de nos jours, parmi les chrétiens de profession, est que l'on peut être 'chrétiens' pour toujours sans ne jamais devenir des disciples. Il s'agit de l'enseignement standard à l'heure actuelle - la 'Grande Omission' de la Grande Commission."[10]

Lynn apporte une autre dimension au problème.[11] De nombreuses églises se concentrent sur l'évangélisation aux dépens du discipulat. Elles cherchent principalement à gagner des convertis et ne facilitent pas le processus par lequel les convertis deviennent des disciples. Beaucoup n'ont pas saisi que Matthieu 28:19–20 incite à faire des disciples et non à gagner des convertis. Comme l'écrit Knight: "L'accent mis sur le discipulat et non seulement sur l'adhésion s'avérera efficace dans l'attention et l'assistance apportées aux membres."[12]

Dans le même esprit, McKnight soutient: "Aujourd'hui, la plupart des évangélistes sont obnubilés par l'idée d'amener quelqu'un à prendre une décision. Or les apôtres, eux, étaient obnubilés par la volonté de faire des disciples."[13]

En considérant l'histoire du peuple de Dieu, nous voyons à quel point il est facile de nous éloigner de Sa volonté. Relisez l'histoire d'Israël. Observez l'Église primitive. Ces premiers chrétiens voulaient rester à Jérusalem, malgré le commandement de Jésus les enjoignant à se rendre de Jérusalem dans "toute la Judée et la Samarie, et jusqu'aux extrémités de la Terre" (Actes 1:8). White a dit: "Lorsque les disciples suivirent leur inclination à rester en grand nombre à Jérusalem, la persécution fut autorisée à s'abattre sur eux, et ils furent dispersés dans toutes les parties du monde habité."[14]

Aujourd'hui, la plupart des évangélistes sont obnubilés par l'idée d'amener quelqu'un à prendre une décision. Or les apôtres, eux, étaient obnubilés par la volonté de faire des disciples.

Le commandement à faire des disciples est évident dans la Bible, mais de nombreux chrétiens à l'heure actuelle sont loin de comprendre et de suivre cet ordre. Dans le passé déjà, les disciples n'adhéraient pas aux instructions de Jésus. Après Son ascension, ils restèrent à Jérusalem, contrairement au commandement de Jésus. Ce fut le feu de la persécution qui les contraignit à quitter Jérusalem pour aller répandre la bonne nouvelle dans d'autres pays.

Tout comme les premiers disciples ne comprirent pas le commandement les intimant de ne rester seulement à Jérusalem, de nombreux chrétiens aujourd'hui ne comprennent pas l'ordre de Jésus les enjoignant à être des disciples et de faire des disciples. Je prie Dieu d'ouvrir nos esprits afin de comprendre le problème auquel nous sommes confrontés aujourd'hui concernant la Grande Commission. Même si nous sommes des chrétiens sincères, les cœurs humains ne suivent pas toujours entièrement la pleine volonté de Dieu. Pendant trois ans, Jésus a dû régulièrement réorienter Ses disciples en raison de leurs incompréhensions de Son enseignement. Notre seul espoir est d'être en communion continue avec Jésus. Il saura nous transformer et nous guider tout le long du processus.

> Tout comme les premiers disciples ne comprirent pas le commandement les intimant de ne pas rester seulement à Jérusalem, de nombreux chrétiens aujourd'hui ne comprennent pas l'ordre de Jésus les enjoignant à être des disciples et de faire des disciples.

Green IV soutient que le commandement de faire des disciples était impératif pour les chrétiens.[15] L'Église nord-américaine rencontre de nombreuses difficultés dans cette entreprise. Bien que les églises réussissent très bien dans les programmes et les ministères, ces programmes et départements ne font pas des disciples de Jésus-Christ de manière suffisante. Se référant aux recherches de George Barna, Lynn déclare que "l'état actuel du processus visant à faire des disciples de Jésus-Christ… est lamentable"[16] et note que dans la plupart des églises locales, des systèmes d'évangélisation sont disponibles, mais aucun système doté d'un objectif spécifique de discipulat n'est en place. Au cours de nombreuses années, les églises ont développé une culture évangélique.

Hull se réfère à des " Chrétiens code-barres"[17], sont des personnes qui ont une foi conforme mais ne suivent pas Jésus. Hull affirme aussi que la multiplication est essentielle pour atteindre le monde et remplir la Grande Commission:

> Des " Chrétiens code-barres", sont des personnes qui ont une foi conforme mais ne suivent pas Jésus.

La Grande Commission sans multiplication est l'évangélisation paralysée de la nuque aux pieds. En commandant spécifiquement la formation de disciples, Jésus a spécifié le produit du travail de l'Église. Il n'a pas dit:

> La Grande Commission sans multiplication est l'évangélisation paralysée de la nuque aux pieds.

'Faites des convertis'ou 'Faites des chrétiens.'[18]

White a dit: "Le véritable esprit missionnaire a déserté les églises qui font une profession si exaltée; leurs cœurs ne sont plus illuminés d'amour pour les âmes et d'un désir de les conduire dans le sillage du Christ."[19]. "La force vient de l'exercice ", ajoute White, "Ainsi, le chrétien qui n'exerce pas les pouvoirs que Dieu lui a donnés échoue non seulement à grandir en Christ, mais perd aussi la force dont il était doté. Il devient un paralytique spirituel."[20]

Il est crucial que vous considériez cette situation dans votre vie à un niveau personnel. Dieu veut que vous soyez un disciple. Ne vous contentez pas d'être seulement un croyant, soyez un disciple, sinon vous perdrez l'opportunité la plus exceptionnelle de votre vie.

La conséquence

Cette situation a de graves conséquences sur de nombreuses vies et sur les églises locales. Lynn a avancé que dans notre génération, la crise de l'Église est une crise de produit.[21] Quel genre de croyants l'Église produit-elle? Des membres d'église ou des disciples? Le résultat attendu par Jésus est que l'Église produise des disciples. Le Christ a commandé à son église de "faire des disciples" (Matthieu 28:19).

De nombreux chrétiens ne comprennent ni ne suivent l'ordre de Jésus de faire des disciples. C'est pourquoi certains croyants sont faibles et n'expérimentent pas la joie du salut. Ils sont prêts à abandonner l'église au moindre souci. Ils perdent leur joie - ou ce qui devrait être de la joie pour un enfant de Dieu. Ou parfois, ils restent dans l'église, or leur présence rend difficile la distinction entre ceux qui croient en Jésus et ceux pour qui ce n'est plus le cas.

Cole et Wren mentionnent que l'Église en Amérique reflète - à bien des égards - la culture américaine.[22] La culture américaine encourage l'acte de recevoir plus que celui de donner. Le membre d'église moyen peut être enclin à considérer l'église d'un point de vue consommateur plutôt qu'avec un état d'esprit reflétant le service et le don. Les membres de l'Église sont tentés de désirer être servis plutôt que de servir.

Harrington et Patrick citent Willard pour expliquer que le plus grand défi dans le monde actuel est d'identifier les croyants qui "deviendront des disciples - étudiants, apprentis, pratiquants - de Jésus-Christ, en apprenant continuellement de Lui."[23]

Roxburgh et Romanuk déclarent que les vues consuméristes de la foi encouragent les églises à développer une culture ecclésiale "surprogrammée"[24]. Le consumérisme existe comme une hypothèse souvent incontestée dans la vie américaine, en particulier au sein des églises.

D'après Seifert, les consommateurs recherchent ce qui est attrayant, et le modèle d'église attrayant répond à cette perspective d'église consumériste.[25] Cole et Wren ajoutent que cette mentalité de consommateur se répand naturellement au sein de l'Église.[26] Le ministère passe lentement de l'acte de servir à celui d'être servi.

White écrit: "Beaucoup ont une forme de piété, leurs noms sont sur les registres de l'Église, mais, dans le ciel, leur registre est souillé."[27]. White ajoute: "De nos jours, une grande partie de ceux qui composent nos congrégations sont morts dans leurs fautes et leurs péchés. Ils vont et viennent comme une porte sur ses gonds. Pendant des années, ils ont écouté avec complaisance les vérités les plus solennelles et les plus émouvantes, mais ils ne les ont pas mises en pratique. Aussi, ils sont de moins en moins sensibles à la préciosité de la vérité."[28]

White avance que "nombreux sont contre ceux dont les noms seront trouvés écrits dans les livres du ciel, non pas comme producteurs, mais comme consommateurs."[29] White indique le danger de cette culture consumériste et de "ceux qui, eux-mêmes, font peu ou rien pour le Christ."[30]

Bullón déclare: "Nous comptons beaucoup de membres mais peu de disciples. Ne pensez-vous pas qu'il est temps d'apporter un changement?"[31]

L'importance d'être un disciple

L'une des solutions au problème de statu quo ou de déclin des membres des églises est de recentrer et d'embrasser à nouveau l'ordre de Jésus en faisant des disciples. Lorsque Jésus choisit quelqu'un, Il appelle cette personne à la plénitude de la vie, or celle-ci n'est accessible qu'à travers le processus de formation de disciples.

Onyinah écrit qu'en raison de l'importance du discipulat, toute la Divinité - le Père, le Fils et le Saint-Esprit - est impliquée dans la commission que Jésus donne à Ses disciples.[32] Dans la Grande Commission, Jésus a dit: "Tout pouvoir m'a été donné dans le ciel et sur la Terre... voici, je suis avec vous jusqu'à la fin des temps" (Matthieu 28:18-20).

> Jésus a commencé Son ministère en faisant des disciples.

Hull écrit que le discipulat est la priorité absolue de Dieu parce que Jésus l'a pratiqué et a commandé à Ses disciples de le faire, et ses disciples s'y sont appliqués.[33] Bullón mentionne que Jésus a commencé Son ministère en faisant des disciples. Il ne cherchait pas simplement des croyants ou des membres d'église.[34]

Babcock indique que depuis le tout début de Son ministère, Jésus formait des hommes à construire Son royaume, et non à en faire des convertis.[35] Faire des disciples était important aux yeux de Jésus, et les disciples sont tout aussi essentiels à l'Église d'aujourd'hui.

Notre herméneutique de la Grande Commission doit être reformulée. De nos jours, il semble que nous ayons modifié la Grande Commission. Grâce à nos campagnes d'évangélisation et à d'autres activités, nous travaillons ardemment à faire des convertis et non des disciples.

Bullón ajoute qu'aucun disciple n'est fait dans une campagne d'évangélisation ou avec la simple exposition de la vérité de la Bible.[36] Les disciples ne se forment pas en une semaine ou un mois. Cela requiert du temps et de l'expérience de la vie. Un disciple est une personne en croissance constante et la croissance n'est pas un événement mais un processus.

Les campagnes d'évangélisation sont cruciales, mais elles ne sont que la première partie du processus. Bullón soutient que Paul était conscient que la seule façon pour les nouveaux croyants de rester fidèles était de partager leur foi.[37]

Hull cite Bonhoeffer en disant: "Le christianisme sans discipulat est le christianisme sans le Christ."[38] Je pense qu'il est temps de faire une pause et de réfléchir à cette question dans nos vies. Il est temps de suivre le plan divin de la vie.

Un plan divin

Faire des disciples n'est pas une stratégie créée par l'homme, c'est un ordre du Seigneur. C'est ainsi que le Père procède pour restaurer Son image dans chaque âme. Cela implique bien plus qu'apporter de nouveaux convertis à l'Église. C'est la manière de Dieu de faciliter le processus pour que chaque croyant devienne semblable à Jésus. Dieu veut que vous deveniez semblable à Jésus. N'est-ce pas incroyable? Tel est Son plan. Et cela doit s'initier ici même dans votre vie, dès maintenant, pour continuer dans l'éternité.

Jean a écrit: "Bien-aimés, maintenant nous sommes enfants de Dieu, et ce que nous serons n'a pas encore été manifesté, mais nous savons que, lorsque cela sera manifesté, nous serons semblables à Lui, parce que nous Le verrons tel qu'Il est" (1 Jean 3: 2).

Bullón soutient que le plan divin pour l'évangélisation diverge de nos actions actuelles.[39] Nous ne pouvons nous écarter du plan divin et créer nos propres desseins en pensant que, de cette manière, nous aidons Dieu. Le cas échéant, nous risquons de découvrir au dernier jour que nous avons peut-être mené une vie pieuse, effectué de bonnes actions dotées des meilleures intentions, mais que nous n'avons pas respecté la volonté du Père.

Babcock écrit que l'accomplissement de la Grande Commission implique de faire des disciples, et non seulement des convertis.[40] Pour y parvenir, il faut aider les gens à devenir des disciples.

Paul écrit dans Éphésiens 4:11–12 que le rôle principal des leaders d'églises est de préparer leurs membres à faire l'œuvre de service et de ministère afin que le corps du Christ soit édifié. White a dit: "La seule façon de grandir en grâce est d'exécuter avec intérêt l'œuvre même que le Christ nous a enjoint d'exécuter."[41] White ajoute:

> Satan a convoqué toutes ses forces et, à chaque pas, contesté l'œuvre du Christ. Ainsi, ce sera dans le grand conflit final de la controverse entre la justice et le péché. Tandis que la nouvelle vie, la lumière et la puissance descendent d'en haut sur les disciples du Christ, une nouvelle vie surgit d'en bas et dynamise les agents de Satan.[42]

Il est important que vous preniez conscience que vous vous trouvez dans une bataille spirituelle. Ce combat est réel. White écrit: "Jamais on ne quitte les rangs du mal pour le service de Dieu sans rencontrer les assauts de Satan."[43] Ce qui signifie que toute personne ayant décidé de se tourner vers Jésus et de se faire baptiser s'expose à des attaques sataniques.

Habituellement, après leur baptême, les nouveaux convertis sont livrés à eux-mêmes, libres de leurs mouvements et pensées, dans un statut de simples membres. Nous les laissons seuls au moment où ils ont le plus besoin de nous. Lors de cette transition vers une nouvelle vie, lorsqu'ils sont assaillis par de perpétuels assauts de l'ennemi, c'est précisément à ce moment-là que nous les abandonnons. Aussi, il n'est pas surprenant que tant de membres se détournent de l'Église chaque année. Nous gaspillons de nombreuses vies. C'est là que nous perdons la bataille dans la Grande Commission.

Ne sous-estimons pas non plus la publicité négative qu'un ex-membre peut exercer à l'encontre de l'église. Ses actes peuvent avoir un impact néfaste sur sa famille, ses amis et ses collègues et un effet boule de neige. De ce fait, lorsqu'une personne quitte l'église, il peut s'avérer difficile pour son entourage de s'y rendre. Le discipulat se révélera d'une grande aide dans cette situation. Il nous faut donc prier le Seigneur pour qu'Il nous aide à comprendre la nécessité d'être disciple, parce qu'en tant que disciples de Jésus, notre amour est consacré à Jésus, si bien que, quel que soit le défi auquel nous sommes confrontés dans la vie ou à l'intérieur de l'église, nous n'abandonnerons jamais Jésus. Toujours, nous Le suivrons.

Application personnelle

Si vous tenez ce livre entre vos mains, c'est que vous avez été choisi.e par Dieu pour comprendre la nécessité pour vous d'être un ou une disciple de Jésus. Puisque vous êtes un élu ou une élue, un merveilleux voyage, préparé par Dieu, vous attend. Ne vous contentez pas d'une vie spirituelle médiocre quand Dieu vous réserve d'innombrables expériences. Soyez déterminé.e à atteindre votre plein potentiel en Jésus.

Prières suggérées

1. Jésus, dans les ténèbres et les luttes de mon existence, ouvre mes yeux pour que je puisse voir chaque jour la beauté et apprécier la paix de marcher à Tes côtés en tant que disciple.

2. Saint-Esprit ouvre mon esprit pour je puisse réaliser la superficialité de ma vie et embrasser la richesse de la vie que Jésus m'offre aujourd'hui.

Notes

[1] David Trim, *Statistical report: Missions trends and progress* (Adventist Archives, 2018),
https://documents.adventistarchives.org/ArchivesPublications/2018%20Annual%20Council%20-%20Statistical%20Report,%20David%20Trim.pdf

[2] "Ellen Gould White (1827-1915) est considérée comme l'auteure américaine la plus traduite, ses œuvres ayant été publiées dans plus de 160 langues. Elle a écrit plus de 80 livres sur une grande variété de sujets pratiques spirituels. Guidée par le Saint-Esprit, elle exalte Jésus et désigne les Écritures comme la base de la foi" (UNASP, "Life Sketches of James White and Ellen G. White 1888"). Le magazine Smithsonian l'a nommée l'une des 100 personnalités américaines les plus importantes de tous les temps.

[3] Ellen G. White, *The Desire of Ages* (Mountain View: Pacific Press Publishing Association, 1898), 116.

[4] Joi Tyrrell, "Jesus cares: We must care too!" The Atlantic Union Gleaner, last modified November 2019,
https://atlanticuniongleaner.org/features/2019/jesus-cares-we-must-care-too/

[5] Opoku Onyinah, "The meaning of discipleship," *International Review of Mission* 106, no. 2 (2017): 216–227, https://doi.org/10.1111/irom.12181

[6] Mark R. Brown, "By this they will know: Discipleship principles to transform the church" (Thèse de doctorat non publiée, Liberty University, 2012),
https://digitalcommons.liberty.edu/doctoral/596/

[7] Bill Hull, *The complete book of discipleship: On being and making followers of Christ* (Colorado Springs: NavPress, 2006).

[8] Bill Hull, *The disciple-making pastor—Leading others on the journey of faith* (Ada Township: Baker Books, 2007), 21.

[9] Alejandro Bullón, *Total member involvement: A call to serve* (Silver Spring: Review & Herald Publishing Association, 2017).

¹⁰ Dallas Willard, *The great omission: Reclaiming Jesus's essential teachings on discipleship* (San Francisco: HarperOne, 2006).

¹¹ Jeffrey Lynn, "Making disciples of Jesus Christ: Investigating, identifying, and implementing an effective discipleship system" (Thèse de doctorat non publiée, Liberty University, 2014), https://digitalcommons.liberty.edu/doctoral/878

¹² G. E. Knight, "Closing the back door," The Atlantic Union Gleaner, last modified November 2019, https://atlanticuniongleaner.org/editorials/2019/closing-the-back-door/

¹³ Scot McKnight, *The King Jesus Gospel: The original good news revisited* (Grand Rapids: Zondervan, 2016), 18.

¹⁴ Ellen G. White, *Témoignages pour l'Église*, vol. 8 (Washington: Ellen G. White Estate, Inc, 2010), 215.

¹⁵ John T. Green IV, "An analysis of the discipleship strategy of Robert Emerson Coleman" (Thèse de doctorat non publiée, The Southern Baptist Theological Seminary, 2012), https://digital.library.sbts.edu/handle/10392/3963?show=full.

¹⁶ Lynn, "Making disciples of Jesus Christ."

¹⁷ Hull, *The complete book of discipleship.*

¹⁸ Hull, *The disciple-making pastor,* 70.

¹⁹ Ellen G. White, *Témoignages pour l'Église*, vol. 4 (Washington: Ellen G. White Estate, Inc, 2010), 155.

²⁰ Ellen G. White, *Conseils aux éducateurs aux parents et aux étudiants* (Washington: Ellen G. White Estate, Inc., 2012).

²¹ Lynn, "Making disciples of Jesus Christ."

²² Dave Cole et Jon Wren, *Re-focus: Creating an outward-focused church culture* (Outward-Focused Network, 2018).

²³ Bobby Harrington et Josh R. Patrick, *The disciple maker's handbook: Seven elements of a discipleship lifestyle* (Grand Rapids: Zondervan, 2017).

²⁴ Alan J. Roxburgh et Fred Romanuk, *The missional leader: Equipping your church to reach a changing world* (Minneapolis: Fortress Press, 2020).

[25] Vanessa M. Seifert, "Discipleship as a catalyst for personal transformation in the Christian faith" (Thèse de doctorat non publiée, University of the Incarnate Word, 2013), https://athenaeum.uiw.edu/uiw_etds/45.

[26] Cole et Wren, *Re-focus.*

[27] Ellen G. White, *Service chrétien* (Washington: Ellen G. White Estate, Inc., 2010), 32.

[28] Ellen G. White, *Témoignages pour l'Église,* vol. 6 (Washington: Ellen G. White Estate, Inc, 2010), 426.

[29] White, *Service chrétien,* 30.

[30] Ellen G. White, *Pastoral Ministry* (Washington: Ellen G. White Estate, Inc., 2010), 157.

[31] Bullón, *Total member involvement.*

[32] Onyinah, "The meaning of discipleship."

[33] Hull, *The complete book of discipleship.*

[34] Bullón, *Total member involvement.*

[35] Eldon Babcock, "The implementation of a disciple-making process in the local church" (Thèse de doctorat non publiée, George Fox University, 2002), http://digitalcommons.georgefox.edu/dmin/180.

[36] Bullón, *Total member involvement.*

[37] Ibid.

[38] Hull, *The complete book of discipleship.*

[39] Bullón, *Total member involvement.*

[40] Babcock, "The implementation of a disciple-making process."

[41] White, *Service chrétien,* 101.

[42] White, *The Desire of Ages,* 135.

[43] Ibid, 54.

CHAPITRE 2

CHOISI POUR SUIVRE JESUS

"Jamais on ne quitte les rangs du mal pour le service de Dieu sans rencontrer les assauts de Satan."
—Ellen G. White

Des années plus tôt, alors que j'étais adolescent, je suis tombé gravement malade. Je ne parvenais à digérer presque aucun aliment que j'ingérais. J'ai consulté de nombreux médecins, sans succès, et ma situation empirait. Un jour, mon cousin, le Dr Joseph Charles, m'a conseillé de consulter l'un de ses professeurs de médecine, un des meilleurs internistes de l'époque. En me rendant à mon rendez-vous, j'ai été surpris de trouver à mon arrivée la salle d'attente vide. J'ai interrogé quelqu'un à ce sujet, qui m'a annoncé que le médecin s'était évanoui ce matin même et avait été transporté à l'hôpital. J'étais abasourdi!

En rentrant chez moi, je me suis dit: "Je suis venu pour être soigné, mais le médecin est dans un état pire que moi" Je me suis alors adressé au Seigneur pour lui dire: "Je ne prendrai plus aucun médicament, Seigneur!

Guéris-moi ou tue-moi!" (Désolé, il s'agissait bien là de ma prière, et elle était sincère.) Plus tard, j'ai dit au Seigneur: "Si Tu me guéris, je deviendrai un pasteur pour Toi ".

Une nuit, en rêve, j'ai vu une personne qui ressemblait à un ange flotter dans les airs, et elle m'a dit: "Donne-moi ton bras". Je me suis exécuté et, avec une seringue, il m'a prélevé du sang. Quand il eut fini, il déclara: "Tu es guéri". Et effectiveent, depuis lors, je suis guéri.

Après cette expérience, j'ai eu la ferme conviction d'une rencontre personelle avec Dieu et qu'Il m'a choisi.

Vous êtes, vous aussi, une personne choisie. Quelle bénédiction! Vous avez été choisi par Dieu. La Bible dit: "En Lui, Dieu nous a choisis avant la création du monde pour que nous soyons saints et sans défaut devant Lui dans Son amour" (Éphésiens 1:4).

En venant sur la Terre, Jésus, au début de son ministère, a choisi des personnes pour Le suivre. Ce fut l'un des premiers pas de Jésus pour sauver l'humanité. Ce fut aussi son dernier appel avant de quitter la Terre. Tout au long de son ministère terrestre, Jésus a continué à inciter les personnes à devenir Ses disciples, aussi l'entièreté du ministère de Jésus fut de fait un ministère de discipulat.

Dans les quatre Évangiles, Jésus a dit "Suivez-moi" environ vingt-deux fois:

Matthieu 4:19; 8:22; 9:9; 10:38; 16:24; 19:21; 19:28

Marc 1:17; 2:14; 8:34; 10:21

Luc 5:27; 9:23; 9:59; 18:22

Jean 1:43; 8:12; 10:27; 12:26; 13:36; 21:19; 21:22

On comprend clairement que ce principe était au cœur de l'appel de Jésus pour le discipulat, et que celui-ci doit s'ancrer dans le fondement même de la vie de tout disciple de Jésus.

L'appel à suivre n'est pas une action à effectuer seulement au début d'une vie du disciple; il doit refléter le style de vie du croyant jusqu'à la fin.

Étude de cas: Pierre

Dans Marc 1:17, Jésus demanda à Pierre de Le suivre, et Pierre abandonna tout ce qu'il avait derrière lui pour suivre Jésus. Il passa environ trois ans auprès de Jésus à écouter Ses enseignements, observer Sa transfiguration, être témoin de Ses miracles et apprécier la prière à Ses côtés. Pierre vit Jésus au moins trois fois après Sa résurrection, mais même ainsi, avant que Jésus ne monte au ciel, par deux fois, Il demanda à Pierre - je répète, *par deux fois* - de Le suivre.

> Il dit cela pour indiquer par quelle mort Pierre révélerait la gloire de Dieu. Puis Il lui dit: "Suis-moi" (Jean 21:19).

> Jésus lui dit: "Si je veux qu'il vive jusqu'à ce que je revienne, en quoi cela te concerne-t-il? Toi, suis-moi" (Jean 21:22).

'Suivre Jésus' n'est pas destiné seulement aux nouveaux convertis. Tout croyant, disciple, pasteur ou leader d'église doit s'y appliquer chaque jour

'Suivre Jésus' n'est pas destiné seulement aux nouveaux convertis. Tout croyant, disciple, pasteur ou leader d'église doit s'y appliquer chaque jour jusqu'à la fin.

jusqu'à la fin. Suivre Jésus est le cheminement de votre vie. C'est la seule façon de rester dans la volonté de Dieu. C'est la seule façon de découvrir votre identité spirituelle. C'est la seule façon d'accomplir le but de votre vie sur Terre. C'est la seule façon de vivre dans la plénitude de votre potentiel. C'est le processus à adopter pour être semblable à Jésus. Chaque jour, écoutez cette voix: "Suis-moi". Hull insiste pour que tous les jours nous répondions: "Oui, Jésus, je Te suis aujourd'hui".[1]

Ce que signifie être un disciple

Jésus nous révèle ce qu'est un disciple:

> Puis il dit à tous: "Si quelqu'un veut venir après moi, qu'il renonce à lui-même, qu'il se charge chaque jour de sa croix, et qu'il me suive. Car celui qui voudra sauver sa vie la perdra, mais celui qui la perdra à cause de moi la sauvera. Et que servirait-il à un homme de gagner tout le monde, s'il se détruisait ou se perdait lui-même" (Luc 9:23–25).

Pour Jésus, un disciple est une personne qui demeure en Lui, qui obéit, porte du fruit, glorifie Dieu, reflète la joie et aime les autres. Je vous invite à méditer sur Jean 15:7–17. Prenez le temps de le lire et de le méditer au quotidien. Il renferme un sens d'une intense profondeur. Le genre de croyants qui glorifie le mieux Dieu est appelé un disciple. Le dernier commandement du Christ à Ses disciples fut de "faire des disciples" parce que les disciples pénètrent le monde. Les disciples se reproduisent, ce qui mène à la multiplication.

Onyinah écrit que, dans les Écritures, ceux qui ont suivi Jésus étaient appelés disciples.[2] Par la suite, ils furent nommés Chrétiens. Nous trouvons le terme "chrétien", du grec *Christonos*, seulement à trois endroits de la Bible (Actes 11: 26, 26: 28; 1 Pierre 4:16). Le Nouveau Testament ne dispose que de neuf références au mot "croyant", issu du mot grec *pistos*. Cependant, le mot "disciples", qui vient du terme grec *mathetes*, est mentionné 261 fois dans le Nouveau Testament. Jésus utilise lui-même ce terme dans les Évangiles.

Une tradition de discipulat était en place bien avant que Jésus ne vienne accomplir son ministère. Hull introduit une brève histoire du discipulat, en déclarant que Dieu choisit Josué, que Moïse le forma avant que Dieu ne l'oignît (voir Deutéronome 1:38; 31: 1–30).[3] Certains des prophètes d'Israël avaient eux aussi des suiveurs, ou des disciples. Ésaïe parla de "mes disciples" dans Ésaïe 8:16. Hull explique:

> Les pharisiens ont également parrainé une école rabbinique formelle, et un certain nombre de leurs rabbins sont devenus très populaires. L'historien juif de renom Josephus rapporte que tant de jeunes hommes se rassemblaient autour des rabbins à l'époque d'Hérode qu'ils paraissaient une armée. Gamaliel II aurait eu un millier de disciples qui travaillèrent à maîtriser la si longue et complexe Torah. Le système de discipulat des pharisiens ne récompensait que les meilleurs et les plus brillants d'entre eux; il ouvrait la porte à une prestigieuse carrière religieuse.
>
> Jean-Baptiste et ses disciples proclamèrent une forme puriste de judaïsme axée sur la repentance, la quête de Dieu et le service à Dieu. Jean comptait de nombreux disciples, mais deux seulement le quittèrent pour suivre Jésus dans les premiers stades (voir Jean 1:35–50). Beaucoup de disciples de Jean - douze, dans un cas enregistré (voir Actes 19:1–7) - ont cru en Jésus ultérieurement. Les disciples semi-monastiques de Jean étaient sacrificiels ; ils étaient prêts, par exemple, à vivre dans les terribles réalités du désert.[4]

Hull affirme que cinq siècles avant que Jésus ne commence Son ministère, toute personne qui s'engageait à servir et à suivre un maître enseignant était nommée un *disciple*.[5] Ce principe était le même jusqu'au temps de Jésus. Ce contexte historique nous aide à comprendre le sens du commandement de Jésus quand il incitait Ses disciples à " faire des disciples". Jésus s'appuyait sur Ses disciples et les perfectionnait.

Bullón écrit que les disciples et les croyants sont différents.[6] Les croyants lisent généralement la Bible, fréquentent l'église, chantent des cantiques et rendent la dîme, et c'est tout. Le disciple exécute toutes ces tâches et suit Jésus, s'engage envers lui et s'attèle à faire de nouveaux disciples.

Onyinah déclare qu'en règle générale un disciple peut être considéré comme tel s'il suit les idées et les principes d'une personnalité de renom et s'efforce de vivre de la même manière que cette personne a vécue.[7] Au sens chrétien, un disciple est celui qui grandit et aspire à être semblable au Christ et à se conformer à son image.

Hull note que, invariablement, le discipulat signifie la dévotion personnelle au maître, qui façonne la vie des *mathètes* (terme grec pour "disciples").[8]

Selon Kittel, un disciple est un suiveur, l'élève d'un enseignant confiant. Jean-Baptiste, Platon et Jésus avaient chacun des disciples. Être disciple implique toujours une union intensément personnelle entre l'enseignant et le disciple.

Elliott-Hart déclare que Jésus a porté la notion de discipulat à un tout autre niveau:

Une dimension supplémentaire de la description du Nouveau Testament du discipulat implique de 'laisser les choses derrière soi' pour suivre Jésus, ce qui va bien au-delà de l'usage hellénistique typique d'autres écoles philosophiques. *Laisser les choses derrière soi* implique un immense engagement qui rompt tous les autres liens: pour les premiers compagnons du Jésus historique, il y a à la fois un suivi physique de Jésus et un engagement interne à l'instruction et à la relation avec Jésus.[9]

Au travers du discipulat, Dieu veut que nous nous rapprochions de Lui. White écrit: "C'était le dessein de Satan de provoquer une séparation éternelle entre Dieu et l'homme, mais en Christ, nous devenons plus étroitement unis à Dieu, comme si nous n'étions jamais tombés. En prenant notre nature, le Sauveur s'est lié à l'humanité par un lien qui ne doit jamais être brisé."[10]

> En prenant notre nature, le Sauveur s'est lié à l'humanité par un lien qui ne doit jamais être brisé.

Le disciple est appelé à ne former qu'un avec Jésus, uni à Lui. C'est l'appel de chaque croyant. Il ne s'agit pas seulement d'un appel à de nouveaux convertis, c'est le devoir moral de chaque chrétien de suivre Jésus au quotidien. C'est la seule façon pour chacun de ne former qu'un avec Lui. Il habitera en vous et vous habiterez en lui. C'est ainsi que vous deviendrez semblable à Lui.

White ajoute que lorsque "Quand les disciples sortirent de l'école du Sauveur, ce n'étaient plus des hommes ignorants et incultes. Ils s'étaient rapprochés de lui par l'esprit et le caractère, et l'on se rendait compte, en les voyant, qu'ils avaient été avec Jésus."[11] White écrit:

Sous la formation du Christ, les disciples furent amenés à ressentir leur besoin de l'Esprit. Sous l'enseignement de l'Esprit, ils reçurent la qualification finale et purent s'engager dans l'œuvre de leur vie. Ils n'étaient plus un ensemble d'unités indépendantes ou d'éléments discordants et conflictuels. Leurs espoirs n'étaient plus fixés sur la grandeur du monde. Ils formaient "une seule unité" , "un seul cœur et une seule âme" (Actes 2:46; 4:32). Christ a rempli leurs pensées; l'avancement de son royaume était leur but.[12]

Abnégation

L'abnégation n'est pas simple. Tout le monde a un ego. Mais l'abnégation est le seul moyen de devenir des disciples de Jésus. Heureusement, Dieu a fait une provision pour nous. Le Saint-Esprit a le pouvoir de contrôler l'ego afin que la beauté du Christ puisse être observée dans nos vies. Quels joie et privilège que Jésus puisse être vu à travers nos vies.

La bonne nouvelle est qu'il s'agit du plan de Dieu à votre égard. Vous avez été conçu (désigné) depuis l'éternité pour atteindre cet objectif.

> Je suis persuadé que celui qui a commencé en vous cette bonne œuvre la rendra parfaite pour le jour de Jésus-Christ (Philippiens 1:6).

White écrit que le péché est né de la recherche de soi.[13] White ajoute que Jésus émit la condition du discipulat quand Il déclara: "Si quelqu'un veut venir après Moi, qu'il renonce à lui-même, qu'il se charge chaque jour de sa croix, et qu'il Me suive".[14]

> Demeurer en Christ, c'est choisir uniquement la disposition du Christ afin que Ses intérêts s'identifient avec les vôtres.

Demeurer en Lui, être et faire ce qu'Il veut. Il s'agit là des conditions du discipulat, et à moins qu'elles ne soient respectées, vous ne trouverez jamais la paix. La paix est en Christ; elle ne peut pas être perçue comme quelque chose hors de Lui.[15]

White mentionne que Jésus peut faire de vous un nouvel homme ou une nouvelle femme:

Il peut vous façonner en un vaisseau d'honneur. Vous deviendrez un disciple du Christ. Vous copierez ses œuvres, profiterez de Son amour et d'un cœur rempli de gratitude. Vous consacrerez votre vie entière au Christ, qui a donné Sa vie pour vous. Vous travaillerez, souffrirez et vous renierez en raison de Lui, même pour Lui qui est mort et ressuscité et qui intercède pour vous.[16]

White indique également que: "Les disciples du Christ avaient un profond sentiment de leur propre inefficacité et, avec humiliation et prière, ils joignirent leur faiblesse à Sa force, leur ignorance à Sa sagesse, leur indignité à Sa justice, leur pauvreté à Sa richesse inépuisable. Ainsi, fortifiés et perfectionnés, ils n'éprouvaient aucune hésitation à s'avancer au service du Maître."[17] White dit: "Vous devez être bon avant de pouvoir faire le bien. Vous ne pouvez pas exercer une influence qui transformera les autres jusqu'à ce que votre propre cœur ait été humilié, raffiné et attendri par la grâce du Christ."[18]

'La vraie sainteté', ajoute White, "est la plénitude au service de Dieu. Telle est la condition de la vraie vie chrétienne. Le Christ demande une consécration sans réserve, un service sans partage. Il exige le cœur, l'esprit, l'âme et la force. Le soi ne doit pas être chéri. Celui qui vit pour lui-même n'est pas un chrétien."[19]

> Si quelqu'un veut venir après moi, qu'il renonce à lui-même, qu'il se charge chaque jour de sa croix et qu'il Me suive.

Hull affirme: "Quand Dieu nous appelle, il nous invite à mourir".[20] Il demande: comment savons-nous que Dieu vit et œuvre en nous? La réponse vient de l'appel fondamental de Jésus au discipulat:

Si quelqu'un veut venir après moi, qu'il renonce à lui-même, qu'il se charge chaque jour de sa croix et qu'il Me suive. Car celui qui voudra sauver sa vie la perdra, mais celui qui la perdra à cause de Moi la sauvera. Et que servirait-il à un homme de gagner tout le monde, s'il se détruisait ou se perdait lui-même (Luc 9: 23-25)?

Engagé dans une vie d'apprentissage

Personne ne peut être un disciple de Jésus sans s'engager dans une vie d'apprentissage de Lui. Paul dit: "Nous savons en partie" (1 Corinthiens 13:9). C'est pourquoi nous devons être suffisamment humbles pour continuer à apprendre tout au long de notre existence. Après leurs trois années passées auprès de Jésus, après la résurrection et la Pentecôte, les apôtres continuaient à apprendre comment pour diriger l'Église primitive. Ils maintinrent leur vie de prière. Dans Actes 6:4, les apôtres disent: "Et nous, nous continuerons à nous appliquer à la prière et au ministère de la parole".

White écrit: "Quel privilège, alors, était le leur d'avoir été, pendant trois ans, en contact quotidien avec cette vie divine d'où découlait chaque impulsion vitale ayant béni le monde!"[21]

Brown note: "Un autre trait distinctif dans la formation des disciples de Jésus réside dans le fait qu'il s'agissait d'un processus, et non d'un programme ou d'un projet. Les disciples continuèrent à grandir dans la foi, même après que Jésus fut ressuscité des morts (Jean 2:22)."[22]

White écrit:

> Voici une précieuse promesse. Les desseins et les plans de Dieu doivent être ouverts à Ses disciples. Qu'est-ce qu'un disciple? Un apprenant respectant un processus continuel d'apprentissage. Des événements à venir de caractère solennel s'ouvrent devant nous, et Dieu ne voudrait pas que quiconque d'entre nous pense qu'à notre époque, plus aucun savoir ne nous attend. C'est un piège perpétuel de Satan; il voudrait que nous affrontions les événements à venir sans préparation spécifique, ce qui est essentiel pour nous guider à travers chaque difficulté. Il voudrait que nous trébuchions dans l'ignorance, faisant de la vanité, de l'estime de soi et de la confiance en soi la vraie connaissance.[23]

Elle ajoute:

> Plus quelqu'un est satisfait de lui-même et de ses connaissances actuelles, moins il cherchera sérieusement et humblement à être guidé dans toute la vérité. Moins il dispose du Saint-Esprit de Dieu, plus la complaisance et la satisfaction l'habiteront. Il ne cherchera pas sérieusement et avec le plus profond intérêt à en savoir plus sur la vérité. Mais à moins de suivre le rythme du Leader, qui guide dans toute la vérité, il sera laissé pour compte, retardé, aveuglé, confus, parce qu'il ne marche pas dans la lumière... La Parole de Dieu doit être notre Conseiler... Tout le ciel observe le peuple restant de Dieu pour voir s'il fera de la vérité seule son armure et son bouclier. À moins que la vérité ne soit présentée telle qu'elle

est en Jésus et ne soit implantée dans le cœur par la puissance de l'Esprit de Dieu, même les pasteurs s'éloigneront du Christ, s'éloigneront de la piété, s'éloigneront des principes religieux. Ils deviendront les chefs aveugles des aveugles.[24]

White déclare: "Sous la direction du Saint-Esprit, l'esprit qui se consacre sans réserve à Dieu se développe harmonieusement et est fortifié afin de comprendre et satisfaire les exigences de Dieu. Le caractère faible et vacillant devient un personnage de force et de solidité. La dévotion continue établit une relation si étroite entre Jésus et son disciple que le chrétien devient comme Lui dans l'esprit et le caractère."[25]

Dépendant de Dieu

De son baptême à la croix, Jésus a toujours dépendu de Dieu dans toutes ses actions. De la même manière, tout au long de sa vie, le disciple doit dépendre de Dieu dans tous les aléas de la mission. Au moment où nous commençons à suivre notre propre volonté, nous cessons d'être des disciples de Jésus. White écrit:

> Il y a toujours eu dans l'Église des personnes enclines à l'indépendance individuelle. Elles semblent incapables de considérer que l'indépendance d'esprit est susceptible d'amener l'humain à avoir trop confiance en lui-même et à se fier à son propre jugement plutôt qu'à respecter le conseil et à apprécier hautement le jugement de ses frères, en particulier ceux que Dieu a désignés pour diriger Son peuple. Dieu a investi Son église d'une autorité et d'une puissance spéciales que personne n'est en droit d'ignorer et de mépriser; celui qui s'y applique méprise la voix de Dieu.[26]

White ajoute: "Comme les disciples, nous risquons de perdre de vue notre dépendance à Dieu... Nous devons constamment regarder vers Jésus, sachant que c'est Sa puissance qui œuvre. Alors que nous devons travailler durement pour le salut des perdus, nous devons également prendre du temps pour la méditation, la prière et l'étude de la Parole de Dieu. Seul le travail accompli par le biais d'un grand nombre de prières et sanctifié par le mérite du Christ se révélera à la fin efficace pour le bien."[27]

Son utilisation de la Parole

Le disciple doit développer un amour spécial pour les Écritures ; c'est dans celles-ci que nous sommes amenés à mieux connaître Jésus. Jésus dit: "Vous sondez les Écritures, parce que vous pensez avoir en elles la vie éternelle: ce sont elles qui rendent témoignage de moi " (Jean 5:39). Il y a la Parole de Dieu pour nos vies. Paul a écrit: "Toute Écriture est inspirée de Dieu, et utile pour enseigner, pour convaincre, pour corriger, pour instruire dans la justice" (2 Timothée 3:16). Dans l'histoire de la tentation que l'on trouve dans Matthieu 4: 1–11, nous pouvons voir que Jésus a remporté la victoire sur le diable par le biais des Écritures. Il n'y aura aucune chance de vivre une vie victorieuse sans les Écritures. Les disciples de Jésus doivent développer un amour spécial pour la Bible et la lire tous les jours.

En considérant le rôle vital de la Bible dans la vie de Jésus, nous comprenons pourquoi le disciple doit reconnaître l'importance de la Bible pour sa vie quotidienne.

Jésus utilise la Bible au cœur même de Son ministère. Il entama son ministère en lisant la Bible (Luc 4: 16–21). Il l'utilisa dans la tentation (Matthieu 4: 4), lors de ses échanges avec les Juifs (Jean 12: 47–49), pour son enseignement au peuple (Jean 5:39, 10:35), sur la croix (Matthieu 27:46, Psaume 22: 2), et après Sa résurrection, avec les deux disciples sur le chemin d'Emmaüs (Luc 24: 13–35).

Jésus dit: "Si vous demeurez dans ma parole, vous êtes vraiment mes disciples. Et vous connaîtrez la vérité, et la vérité vous affranchira" (Jean 8: 31–32).

White écrit que nous pouvons vaincre le malin par la manière dont Christ a vaincu: la puissance de la Parole.[28] Elle ajoute que les disciples de Jésus ne sont pas dans la volonté de Dieu s'ils se contentent de rester dans l'ignorance de sa Parole. Tous doivent devenir des étudiants de la Bible.

Le Christ commande à Ses suiveurs: "Sondez les Écritures, parce que vous pensez avoir en elles la vie éternelle: et ce sont elles qui rendent témoignage de moi" (Jean 5:39).

Pierre nous exhorte: "Mais sanctifiez dans vos cœurs Christ le Seigneur, étant toujours prêts à vous défendre, avec douceur et respect, devant quiconque vous demande raison de l'espérance qui est en vous" (1 Pierre 3:15).

Bullón déclare qu'à travers l'étude biblique quotidienne, nous développons une communion avec Jésus.[29] En résulte la transformation du disciple pour qu'il ressemble au Christ. Paul dit: "Nous tous qui, le visage découvert, contemplons comme dans un miroir la gloire du Seigneur, nous sommes transformés en la même image, de gloire en gloire, tout comme par l'Esprit du Seigneur" (2 Corinthiens 3:18). Contempler la 'gloire du Seigneur' n'est pas une expérience mystique. Il ne s'agit pas d'un acte de méditation transcendantale. Il s'agit d'une expérience pratique de fraternité.

La manifestation du Saint-Esprit

Il ne pourrait y avoir de disciples sans l'œuvre du Saint-Esprit dans nos vies. Du premier au dernier livre de la Bible, l'importance du Saint-Esprit peut être observée.

Le Saint-Esprit n'est pas une force ou une influence, il s'agit d'une personne. "Il peut être affligé (Éphésiens 4:30), Il peut être éteint en termes de l'exercice de Sa volonté (1 Thessaloniciens 5:19), et Il peut être résisté (Actes 7:51)."[30] Il est Dieu.

Paul a écrit:

> Dieu nous les a révélées par l'Esprit. Car l'Esprit sonde tout, même les profondeurs de Dieu. Lequel des hommes, en effet, connaît les choses de l'homme, si ce n'est l'esprit de l'homme qui est en lui? De même, personne ne connaît les choses de Dieu, si ce n'est l'Esprit de Dieu (1 Corinthiens 2: 10–11).

Il vous enseignera parce qu'Il est "l'Assistant, le Saint-Esprit, que le Père enverra en mon nom, Il vous enseignera toutes choses" (Jean 14:26). Lui seul peut nous guider dans toute la vérité. "Cependant, quand Lui, l'Esprit de vérité, sera venu, Il vous conduira dans toute la vérité" (Jean 16:13).

Depuis le début de son ministère jusqu'à la fin, Jésus a été rempli du Saint-Esprit.

Ainsi, Il se rendit à Nazareth, où Il avait été élevé, et, selon Sa coutume, Il entra dans la synagogue le jour du sabbat. Il se leva pour faire la lecture, et on lui remit le livre du prophète Isaïe. L'ayant ouvert, Il trouva l'endroit où il était écrit:

"L'Esprit du Seigneur est sur moi,

> Parce qu'il m'a oint pour prêcher l'évangile aux pauvres ;
> Il m'a envoyé pour guérir ceux qui ont le cœur brisé,
> Pour proclamer aux captifs la délivrance,
> Et aux aveugles le recouvrement de la vue,
> Pour libérer les opprimés,
> Pour proclamer une année de grâce du Seigneur."

Puis il ferma le livre, le rendit au préposé et s'assit. Tous ceux qui se trouvaient dans la synagogue avaient les yeux rivés sur lui. Alors il commença à leur dire: "Aujourd'hui, cette parole de l'Écriture que vous venez d'entendre est accomplie" (Luc 4:16-21).

Même sur la croix, le Saint-Esprit était avec Jésus pour l'aider dans ses souffrances:

> Car si le sang des taureaux et des boucs et les cendres d'une génisse, répandus sur les impurs, sanctifient et procurent la pureté de la chair, combien plus le sang du Christ qui, par l'Esprit éternel, s'est offert lui-même sans tache à Dieu, purifiera-t-il votre conscience des œuvres mortes, afin que vous serviez le Dieu vivant (Hébreux 9:13–14)?

White écrit: "Dieu prend les hommes tels qu'ils sont et les éduque pour Son service s'ils se soumettent à Lui. L'Esprit de Dieu, reçu dans l'âme, vivifiera toutes ses facultés. Sous la direction du Saint-Esprit, l'esprit qui se consacre sans réserve à Dieu se développe harmonieusement et se fortifie afin de comprendre et satisfaire les exigences de Dieu."[31]

> Partout où réside le Saint-Esprit, Sa Sainte présence crée une faim de sainteté.

Whitney écrit, "Partout où réside le Saint-Esprit, Sa Sainte présence crée une faim de sainteté. Sa tâche principale est de magnifier le Christ (voir Jean 16:14-15), et Il commence à réaliser la volonté de Dieu en faisant de l'enfant de Dieu le Fils de Dieu (voir Romains 8:29)."[32]

La maîtrise de soi, selon Galates 5:23, est un produit direct du contrôle de l'Esprit dans la vie du croyant. Lorsque le chrétien exprime cette maîtrise de soi produite par l'Esprit en pratiquant les disciplines spirituelles, en résulte un progrès dans la piété. White affirme: "Le Saint-Esprit est le souffle de la vie spirituelle dans l'âme."[33]

Onyinah déclare: "Les principales ressources que Dieu a fournies à Son peuple pour qu'il fasse des disciples comprennent le Saint-Esprit, qui est toujours en eux (Luc 24:49; Actes 1:8), Sa Parole, qui leur est encore disponible (Jean 15:1–17), et les dons spirituels qui leur sont offerts (Éphésiens 4:11–16; 1 Corinthiens 12:7–11). Le Saint-Esprit est la force vitale du zèle évangélique du disciple. Sans le Saint-Esprit, le témoignage n'existe pas (Actes 1:8)."[34]

Le disciple de Jésus doit chaque jour chercher à être rempli du Saint-Esprit. Sans le Saint-Esprit, personne n'est en mesure de suivre Jésus.

Sa vie de prière

La vie de Jésus était une vie de prière. Du début de son ministère à la fin, nous pouvons observer Jésus dans la prière. On ne peut être un disciple de Jésus sans une vie de prière.

White déclare: "Le soir ou tôt le matin, Jésus partait pour le sanctuaire dans les montagnes pour communier avec son Père. Souvent, il passait toute la nuit en prière et en méditation, revenant à l'aube à Son œuvre parmi le peuple."[35] Elle ajoute: "Le Rédempteur passa des nuits entières à prier pour Ses disciples, afin que leur foi ne faillisse pas."[36]

White dit:

> Les disciples prièrent pour qu'une plus grande force leur soit conférée dans l'œuvre du ministère, car ils notèrent qu'ils rencontreraient la même opposition déterminée que Christ avait rencontrée sur Terre. Tandis que leurs prières unies montaient dans la foi au ciel, la réponse vint. L'endroit où ils s'étaient rassemblés fut ébranlé et ils furent à nouveau dotés du Saint-Esprit. Le cœur rempli de courage, ils repartirent proclamer la parole de Dieu à Jérusalem. "Avec une grande puissance, les apôtres rendirent témoignage de la résurrection du Seigneur Jésus", et Dieu bénit merveilleusement leurs efforts.[37]

White écrit: "Lorsque cette réforme commencera, l'esprit de prière activera chaque croyant et bannira de l'Église l'esprit de discorde et de conflit."[38]

Jésus nous a dit: "Demandez ce que vous voudrez, et cela sera accordé" (Jean 15:7).

Hull écrit que le disciple apprend à parler à Dieu en écoutant ce que Dieu dit en premier.[39] La prière répond à ce que Dieu a déjà dit. Rester en Christ requiert à la fois la Parole de Dieu et la prière.

Bullón affirme que nous devons avoir des intercesseurs au sein de nos églises.[40] Jésus savait que les disciples, aussi bien intentionnés soient-ils, étaient voués à la défaite s'ils essayaient de marcher seuls sur le chemin chrétien. Alors, il a prié pour nous.

> Nous devons avoir des intercesseurs au sein de nos églises.

> "Simon, Simon, Satan vous a réclamés, pour vous cribler comme le froment. Mais j'ai prié pour toi, afin que ta foi ne défaille point ; et toi, quand tu seras converti, affermis tes frères" (Luc 22:31–32).

Il existe deux éléments dans ce texte. Tout d'abord, Jésus éprouva de la compassion pour Pierre et ses autres disciples et pria pour eux. À Pierre, Il dit: "J'ai prié pour toi, Simon, afin que ta foi ne défaille point." Puis Il lui donne un ordre: "Et quand tu seras converti, affermis tes frères."

La vie de prière de Jésus nous apprend non seulement à prier constamment, mais aussi à prier pour les autres. Le disciple est un intercesseur.

Son obéissance

Jésus était obéissant à Son père.

> Puis il avança de quelques pas, se jeta le visage contre terre et fit cette prière: "Ô mon Père, si cela est possible, que cette coupe s'éloigne de moi! Toutefois, non pas comme je le veux, mais comme Tu le veux" (Matthieu 26:39).

White écrit que "être chrétien, c'est devenir disciple du Christ, ce qui signifie 'obéissance', et rien de moins ne sera accepté."[41]

White affirme que "l'obéissance est le test du discipulat. Mais comme les hommes apprécient peu le privilège d'avoir la compagnie du Christ et d'être en harmonie avec Dieu! Ils ne se rendent pas compte qu'ils sont la propriété du Christ, achetés à un prix infini et qu'ils doivent glorifier Dieu dans leur corps et dans leur esprit qui Lui appartiennent. L'amitié la plus importante est l'amitié de Dieu."[42]

Whitmore mentionne que la compréhension de Bonhoeffer du discipulat exige que le croyant individuel - et l'Église dans son ensemble - choisisse de suivre le Christ.[43] Une fois cette décision finalisée, le disciple doit être obéissant à Dieu.

Son humilité

Dans ce monde matérialiste, il est difficile de pratiquer l'humilité. White mentionne: "Je suis reconnaissante que Dieu soit un dirigeant sage, et quiconque est un vrai disciple du Christ fera preuve d'humilité, se chargera de sa croix et suivra docilement la voie tracée par Jésus, qui s'est sacrifié et a renoncé à Sa vie."[44] Dans Philippiens 2:1–11, Paul aborde l'humilité de Jésus:

> Jésus donc leur dit: "Quand vous aurez élevé le Fils de l'homme, alors vous connaîtrez ce que je suis, et que je ne fais rien de moi-même, mais que je parle selon ce que mon Père m'a enseigné. Celui qui m'a envoyé est avec Moi. Le Père ne m'a pas laissé seul, parce que je fais toujours ce qui Lui est agréable. En prononçant ces paroles, beaucoup crurent en Lui" (Jean 8:28-30).

Jésus a dit: "Je ne cherche pas ma propre gloire" (Jean 8:50).

Celui qui parle de son chef cherche sa propre gloire ; mais celui qui cherche la gloire de celui qui l'a envoyé, celui-là est vrai, et il n'y a point d'injustice en lui (Jean 7:18).

Paul écrit: "Et même je regarde toutes choses comme une perte, en raison de l'excellence de la connaissance de Jésus Christ mon Seigneur, pour lequel j'ai renoncé à tout, et je les considère comme de la boue, afin de gagner Christ" (Philippiens 3:8).

Le disciple se tournera toujours vers l'humilité de son maître. Le disciple se doit d'être humble.

Son amour

L'histoire de Jésus est celle d'un amoureux. Il a accepté de venir sur cette Terre pour souffrir et mourir uniquement parce qu'Il nous aime. En retour, il demande à Ses disciples d'aimer. Ce que je vous commande, c'est de vous aimer les uns les autres (Jean 15:17).

L'amour est le test ultime pour prouver que vous êtes le disciple de Jésus. Jésus a dit: "À ceci tous connaîtront que vous êtes mes disciples, si vous avez de l'amour les uns pour les autres" (Jean 13:35). Nous éprouverons de l'amour pour les autres par le Saint-Esprit. Nous lisons dans Galates 5:22-23: "Mais le fruit de l'Esprit, c'est l'amour, la joie, la paix, la patience, la gentillesse, la bonté, la fidélité, la douceur, la tempérance. Contre ces choses, il n'existe pas de loi".

En tant que disciples de Jésus, nous devons montrer de l'amour aux autres parce que Dieu est amour. N'oubliez jamais cela: l'amour est plus grand que la foi et la prophétie.

Pour être le disciple du Christ, vous devez Le suivre chaque jour dans tous les aspects de votre vie. C'est votre vocation. Vous êtes appelé à le suivre dans votre famille, votre travail, à l'église et où que vous soyez. C'est ainsi que vous découvrirez votre véritable identité. C'est ainsi que vous comprendrez pourquoi vous êtes né sur cette Terre. Et plus vous suivez Jésus, plus vous serez semblable à Lui.

Application personnelle

En ces derniers jours, je veux être l'un des disciples de Jésus, Lui demandant de m'aider à me renier moi-même et à apprendre de Lui au quotidien. Je veux que Jésus remodèle ma vie spirituelle. À partir d'aujourd'hui, je veux vivre pour Jésus, et non pour moi.

Prières suggérées

1. Saint-Esprit, aide-moi à me renier moi-même chaque jour et à laisser Jésus vivre en moi.

2. Ô Jésus, je Te redonne ma vie aujourd'hui. Prends ma faible main dans Tes puissantes mains. Je veux dès lors Te suivre au quotidien.

3. Cher Jésus! Baptise-moi chaque jour avec le Saint-Esprit pour je puisse être un disciple obéissant.

Notes

[1] Bill Hull, *The complete book of discipleship: On being and making followers of Christ* (Colorado Springs: NavPress, 2006).

[2] Opoku Onyinah, "The meaning of discipleship," *International Review of Mission* 106, no. 2 (2017): 216–227, https://doi.org/10.1111/irom.12181

[3] Hull, *The complete book of discipleship.*

[4] Hull, *The complete book of discipleship,* 60.

[5] Bill Hull, *The disciple-making pastor—Leading others on the journey of faith* (Ada Township: Baker Books, 2007).

[6] Alejandro Bullón, *Total member involvement: A call to serve* (Silver Spring: Review & Herald Publishing Association, 2017).

[7] Onyinah, "The meaning of discipleship."

[8] Hull, *The disciple-making pastor.*

[9] Tirrell M. Elliott-Hart, "Educating for discipleship in consumer culture: Promising practices rooted in the pastoral circle" (Thèse de doctorat non publiée, Boston College, 2011), 42, http://hdl.handle.net/2345/1942

[10] Ellen G. White, *The Desire of Ages* (Mountain View: Pacific Press Publishing Association, 1898), 6.

[11] White, *The Desire of Ages,* 250.

[12] Ellen G. White, *The Acts of the Apostles* (Scotts Valley: Createspace Independent Publishing Platform, 2014), 45.

[13] White, *The Desire of Ages,* 4.

[14] Ellen G. White, *Christian service: A compilation* (Hagerstown: Review and Herald Publishing Association, 2002).

[15] White, *Christian service: A compilation,* 21.

[16] White, Ellen G, "Letter 50," in *Letters and Manuscripts*, vol. 7 (Washington: Ellen G. White Estate, Inc., 1891).

[17] White, *The Acts of the Apostles*, 57.

[18] Ellen G. White, *Evangelism* (Washington: Ellen G. White Estate, Inc., 2010), 459.

[19] Ellen G. White, *Service chrétien* (Washington: Ellen G. White Estate, Inc, 2010), 166.

[20] Hull, *The complete book of discipleship*.

[21] White, *The Desire of Ages*, 130.

[22] Mark R. Brown, "By this they will know: Discipleship principles to transform the church" (Thèse de doctorat non publiée, Liberty University, 2012), 70, https://digitalcommons.liberty.edu/doctoral/596/

[23] Ellen G. White, "Manuscript 15: Christian integrity in the ministry," in *Letters and Manuscripts*, vol. 4 (Washington: Ellen G. White Estate, Inc., 1886), 5-6.

[24] White, "Manuscript 15," 8-11.

[25] White, *The Desire of Ages*, 13.

[26] White, *The Acts of the Apostles*, 163-164.

[27] White, *The Desire of Ages*, 362.

[28] White, *The Desire of Ages*, 136.

[29] Bullón, *Total member involvement*.

[30] Alistair Begg, "Five truths about the Holy Spirit," Ligonier Ministries, last modified January 29, 2021, https://www.ligonier.org/blog/five-truths-about-holy-spirit/

[31] White, *The Desire of Ages*, 131.

[32] Donald S. Whitney, *Spiritual disciplines for the Christian life* (Colorado Springs: NavPress, 2014), 291.

[33] White, *Service chrétien*, 180

[34] Onyinah, "The meaning of discipleship."

[35] White, *The Desire of Ages*, 136-137.

[36] Ibid, 393.

[37] White, *The Acts of the Apostles*, 67.

[38] White, *Service chrétien*, 29.

[39] Hull, *The disciple-making pastor*.

[40] Bullón, *Total member involvement*.

[41] Ellen G. White, *The Youth's Instructor Articles* (Scotts Valley: Createspace Independent Publishing Platform, 2014), para. 15.

[42] Ellen G. White, "Manuscript 105," in *Letters and Manuscripts*, vol. 9 (Washington: Ellen G. White Estate, Inc., 1894), para. 20.

[43] W. Whitmore, "The branch is linked to the vine," *International Review of Mission* 107, no. 2 (2018): 472–482, https://doi.org/10.1111/irom.12244

[44] Ellen G. White, *The Ellen G. White 1888 Materials* (Washington: Ellen G. White Estate, Inc., 1888), 991.

CHAPITRE 3

———◆—◆—◆———

CHOISI POUR ETRE SEMBLABLE A JESUS

"Le soir ou tôt le matin, Jésus partait pour le sanctuaire dans les montagnes pour communier avec son Père. Souvent, il passait toute la nuit en prière et en méditation, revenant à l'aube à Son œuvre parmi le peuple."
—Ellen G. White

Un jour, ma femme devait travailler un samedi soir. Avant de se rendre à l'hôpital, elle a ressenti le besoin de prier; elle a également demandé à des amis de prier pour elle. À son arrivée au travail, l'ambiance était paisible. Après être entrée au poste et avoir attendu son rapport quotidien, on l'a appelée à l'aide. Un patient, paisible un peu plus tôt, était dans un état chaotique. Ma femme s'est alors rendue dans la pièce, les autres patients se sont écriés: "C'est à cause de vous!"

Les patients s'arrachaient les cheveux et hurlaient. Une fois qu'ils se furent apaisés, ma femme découvrit que ces derniers s'étaient réunis pour discuter de la manière de devenir satanistes. La présence d'une servante du Seigneur avait perturbé leur cérémonie.

Lorsque vous êtes un disciple de Jésus, il vous donne le plein pouvoir sur tous les démons.

> Puis les soixante-dix revinrent avec joie, disant: "Seigneur, les démons mêmes nous sont soumis en Ton nom." Jésus leur dit: "Je voyais Satan tomber du ciel comme un éclair. Voici, je vous ai donné le pouvoir de marcher sur les serpents et les scorpions, et sur toute la puissance de l'ennemi, et rien ne pourra vous nuire. Cependant, ne vous réjouissez pas de ce que les esprits vous sont soumis, mais réjouissez-vous de ce que vos noms sont écrits dans les cieux" (Luc 10:17–20).

Nous sommes les ambassadeurs de Dieu sur la Terre.

J'aimerais que vous compreniez que Dieu veut que nous soyons semblables à Jésus. C'est le but ultime du Plan de la Rédemption. C'est la raison pour laquelle Jésus est venu et est mort sur cette Terre. Cet objectif concerne chaque croyant. Dieu veut seulement votre volonté, votre disponibilité et votre disposition, et Il exécutera le reste par le Saint-Esprit. Jésus a dit: "Demeurez en moi, et moi je demeurerai en vous" (Jean 15:4).

Choisi pour porter du fruit

Il ne suffit de se déclarer chrétiens. Les gens doivent l'observer dans nos vies. En d'autres termes, le disciple de Jésus est censé porter du fruit. Le disciple porte du fruit pour la gloire de Dieu.

Onyinah affirme que l'une des marques des disciples est qu'ils portent du fruit pour le Christ.[1] Ce fait se trouve dans Jean 15:1–17, où il est dit que les disciples de Jésus 'portent du fruit', 'plus de fruit' et 'beaucoup de fruit', et que 'le fruit doit demeurer' (Jean 15:2, 5, 8, 16). Jésus déclare: "Si vous portez beaucoup de fruit, c'est ainsi que mon Père sera glorifié, et que vous serez mes disciples" (Jean 15:8).

Onyinah ajoute:

> Il existe deux sortes de fruits. Le premier est le fruit du caractère. Les disciples doivent être semblables à leur Maître par leur caractère. Le caractère du Christ est dépeint par le fruit de l'Esprit: " amour, joie, paix, patience, gentillesse, bonté, fidélité, douceur, tempérance" (Galates 5:22-23). Dans le christianisme d'aujourd'hui, les gens ont tendance à désirer le pouvoir d'accomplir des actes surnaturels. Beaucoup de gens sont attirés par ceux qui prétendent être des faiseurs de miracles, saluant ces personnes comme plus spirituelles. Bien que la promesse du pouvoir existe dans les paroles de Jésus (Jean 14:12; Actes 1:8), la preuve de la vraie spiritualité est démontrée dans la transformation du caractère, qui comprend toute l'attitude, la vision et la relation avec les autres (Matthieu 7:22-23; Jean 13:35).[2]

Onyinah poursuit: "Le deuxième fruit concerne la manière d'influencer la vie des autres en faveur du Christ. Chaque fruit contient une graine qui garantit sa reproduction. On attend des disciples qu'ils reproduisent leur espèce. Ils doivent gagner d'autres personnes pour Christ et les former à maturité afin que ces nouveaux convertis portent également du fruit et fassent perdurer le cycle."[3]

Babcock écrit que Paul vécut l'avertissement de 2 Timothée 2:2:

> Paul s'est reproduit dans la bataille avec des soldats tels que Timothée, Tite, Silas (Sylvain), Évodie, Syntyché, Épaphrodite, Priscille et Aquila. Paul a appelé Timothée son vrai fils dans la foi et a demandé à Timothée de suivre ses

instructions afin qu'en leur obéissant, il soit capable de combattre le bon combat de la foi (1 Timothée 2:18).[4]

Si vous portez beaucoup de fruit, c'est ainsi que Mon Père sera glorifié (Jean 15: 8). White écrit qu'il y a du travail qui nous attend dans l'église et hors de l'église: "Le fruit que nous portons est le seul test du caractère de l'arbre devant le monde. Il est la preuve de

> Il y a du travail qui nous attend dans l'église et hors de l'église.

notre statut de disciple. Si nos œuvres sont d'un caractère tel que, en tant que branches de la vigne vivante, nous portons de riches grappes de fruits précieux, alors nous portons devant le monde le propre insigne de Dieu en tant que Ses fils et Ses filles. Nous sommes 'des épîtres vivantes, connues et lues de tous les hommes.'"[5]

L'autre élément distinctif de l'appel de Jésus au discipulat est la sainteté. Jésus a dit: "Sanctifie-les par ta vérité: ta parole est la vérité" (Jean 17:17). Il ajouta: "Et je me sanctifie moi-même pour eux, afin qu'eux aussi soient sanctifiés par la vérité" (Jean 17:19).

Brown déclare: "Cette marque distinctive identifie non seulement le nouveau caractère du croyant, mais elle identifie également le dessein éternel de Dieu."[6] Paul a écrit: "En Lui, Dieu nous a élus avant la création du monde, pour que nous soyons saints et sans défaut devant Lui, dans Son amour" (Éphésiens 1:4). Il est essentiel de reconnaître que la sainteté est l'intention de l'appel de Dieu à tous les chrétiens, et non seulement à quelques "super-chrétiens."

Mais, puisque celui qui vous a appelés est saint, vous aussi soyez saints dans toute votre conduite, car il est écrit: "vous serez saints, car je suis saint" (1 Pierre 1:15-16).

Choisi pour aimer

Cole et Wren écrit que le Grand Commandement est l'appel à l'amour, qu'il faut alimenter le travail de la Grande Commission avec cet amour.[7] Le processus d'amour a été lancé par Dieu dans Son plan pour inciter, par l'amour, l'humanité à se lier à nouveau à Lui.

Bullón affirme que l'Église de Dieu est l'Église de l'amour. L'amour est sa principale caractéristique.[8]

White écrit que l'amour est la preuve du discipulat:

À ceci, tous connaîtront que vous êtes mes disciples, si vous avez de l'amour les uns pour les autres (Jean 13:35).[9]

Hull soutient que les disciples aiment de la même manière que le Christ aime. Jésus a dit: "Voici mon commandement: aimez-vous les uns les autres comme je vous ai aimés. Il n'y a pas d'amour plus grand que celui de donner votre vie pour vos amis… Ce que je vous commande, c'est de vous aimer les uns les autres (Jean 15:12-13, 17)."

Paul nous donne l'hymne de l'amour biblique:

L'amour est patient, il est plein de bonté; l'amour n'est pas envieux, il ne cherche pas à se faire valoir, il ne s'enfle pas d'orgueil ; il ne fait rien d'inconvenant. Il ne cherche pas son propre intérêt, il ne s'aigrit pas contre les autres, il ne trame pas le mal. L'injustice l'attriste, la vérité le réjouit. En toute occasion, il pardonne, il fait confiance, il espère, il persévère.

L'amour n'aura pas de fin. Les prophéties cesseront, les langues inconnues prendront fin, et la connaissance particulière cessera. Notre connaissance est partielle, et partielles sont nos prophéties. Mais le jour où la perfection apparaîtra, ce qui est partiel cessera.

Lorsque j'étais enfant, je parlais comme un enfant, je pensais et je raisonnais en enfant. Une fois devenu homme, je me suis défait de ce qui est propre à l'enfant. Aujourd'hui, certes, nous ne voyons que d'une manière indirecte, comme dans un miroir. Alors, nous verrons directement. Dans le temps présent, je connais d'une manière partielle, mais alors je connaîtrai comme Dieu me connaît.

En somme, trois choses demeurent: la foi, l'espérance et l'amour, mais la plus grande d'entre elles, c'est l'amour (1 Corinthiens 13:4–13).

Choisi pour vivre à l'image de Jésus

> Le but ultime de chaque disciple est de devenir semblable à Jésus.

Le but ultime de chaque disciple est de devenir semblable à Jésus. Cette idée est dérivée de plusieurs passages du Nouveau Testament. Dans sa lettre aux Galates, Paul écrit: "Jusqu'à ce que Christ soit formé en vous" (Galates 4:19). Le mot " former " vient du grec *morph*, qui signifie forme. Dans 2 Corinthiens 3:18, Paul écrit: "Mais nous tous qui, le visage découvert, contemplons comme dans un miroir la gloire du Seigneur, nous sommes transformés (*metamorphóomai*) en la même image, de gloire en gloire, comme par le Seigneur, l'Esprit". Ce verset montre clairement que l'évolution spirituelle est une œuvre divine réalisée par le Saint-Esprit.

Nous ne bénéficions pas de communion physique avec Jésus comme celle dont jouissaient les douze premiers disciples; le nôtre est spirituel.

Bullón affirme que lorsque Jésus appela ses disciples, il souhaitait qu'ils soient semblables à Lui.[10] Les vrais disciples sont à l'image de leur Maître et font ce que leur Maître fait. Paul est devenu un disciple du Christ et a ensuite écrit à l'intention des Corinthiens: "Soyez mes imitateurs, comme je le suis moi-même du Christ" (1 Corinthiens 11:1). Et aux Philippiens, il a écrit: "Frères, Soyez tous mes imitateurs, et portez les regards sur ceux qui marchent selon le modèle que vous avez en nous" (Philippiens 3:17). Paul a osé faire une telle déclaration parce qu'il avait une conviction. "J'ai été crucifié avec Christ ; et si je vis, ce n'est plus moi qui vis, c'est le Christ qui vit en moi ; et la vie que je vis maintenant dans la chair, je la vis dans la foi au Fils de Dieu, qui m'a aimé et s'est livré lui-même pour moi" (Galates 2:20). Et comment Paul est-il arrivé à une telle expérience? Par la communion quotidienne avec Jésus.

Onyinah écrit que le but ultime des disciples, tel que mentionné précédemment, est d'être semblables au Maître.[11] Pour devenir à l'image d'un Maître, tout individu doit s'arrimer aux enseignements du Maître.

Hull déclare que Jésus s'est volontairement emparé de notre humanité. Nous devons adopter volontairement la ressemblance avec le Christ.[12] Onyinah affirme que bien que la ressemblance à Christ soit le but ultime du disciple (1 Corinthiens 11:1; Éphésiens 4:13, 15, 20; Colossiens 1:28), Dieu utilise aussi des humains dans ce travail de transformation (1 Corinthiens 4:16–17; 11: 1).[13]

Brown déclare qu'au final, le but du discipulat est de transformer le croyant en l'image de Jésus. "Car ceux qu'Il connaissait d'avance, il les a aussi prédestinés à être conformes à l'image de Son Fils, afin que Son Fils fût le premier-né parmi de nombreux frères" (Romains 8:29).[14]

Hull mentionne que dans Jean 15:7–17, Jésus enseigne que sa relation avec les disciples est similaire à celle d'une vigne avec les sarments.[15] Le péché essaie d'assombrir l'image de Dieu dans les âmes humaines. Le discipulat est le moyen divin de restaurer l'image de Dieu en nous. On comprend aisément pourquoi l'ennemi fera tout ce qui est en son pouvoir pour inciter le peuple de Dieu à négliger ou à ignorer le principe du discipulat.

White déclare: "Ceux qui professent être des disciples du Christ doivent être élevés dans toutes leurs pensées et leurs actes, et doivent toujours considérer qu'ils sont aptes à l'immortalité; et que, s'ils sont sauvés, ils doivent être dénués de tache, de ride, ou quoi que ce soit de ce genre. Leurs caractères chrétiens doivent être sans défaut, sinon ils seront déclarés inaptes à être conduits au ciel pour habiter avec des êtres purs, dénués de péché, dans le royaume éternel de Dieu."[16] White ajoute que Dieu "pourvoit le Saint-Esprit afin de nous aider, de fortifier notre espérance et notre assurance, pour illuminer nos esprits et purifier nos cœurs."[17]

En résumé, nous pouvons dire que Jésus veut que nous lui ressemblions. À la fin de Son ministère, avant de monter aux cieux, Jésus donna la Grande Commission avec une emphase particulière, commandant à Ses disciples de faire des disciples. Le discipulat n'est pas une autre méthode ou un nouveau programme. Il s'agit du commandement de Dieu dans la Grande Controverse de restaurer Son image dans Ses enfants. Mais pour persévérer dans ce voyage remarquable, vous aurez besoin de quelques disciplines spirituelles.

> Le discipulat n'est pas une autre méthode ou un nouveau programme. Il s'agit du commandement de Dieu dans la Grande Controverse de restaurer Son image dans Ses enfants.

Application personnelle

Le Saint-Esprit dispose de l'influence et de l'autorité nécessaires pour nous aider à devenir semblable à Jésus. Si vous ne devenez pas tel que Jésus, ce n'est pas la faute de Dieu. Il s'agit de votre responsabilité. Existe-t-il un objectif plus agréable que celui-ci? Après tout, c'est votre destin, et très bientôt, vous serez avec Jésus pour l'éternité.

Prières suggérées

1. Ô Dieu, je comprends que tu veuilles que je sois semblable à Jésus. Accomplis cet objectif dans ma vie par Ta grâce.
2. Ô Jésus, permets-moi d'être semblable à Toi dans ma famille, mon travail, mon église et tous les aspects de ma vie quotidienne.

Notes

[1] Opoku Onyinah, "The meaning of discipleship," *International Review of Mission* 106, no. 2 (2017): 216–227, https://doi.org/10.1111/irom.12181

[2] Onyinah, "The meaning of discipleship," 242.

[3] Ibid.

[4] Eldon Babcock, "The implementation of a disciple-making process in the local church" (Thèse de doctorat non publiée, George Fox University, 2002), http://digitalcommons.georgefox.edu/dmin/180

[5] Ellen G. White, *Témoignages pour l'Église*, vol. 5 (Washington: Ellen G. White Estate, Inc., 2010), 348.

[6] Mark R. Brown, "By this they will know: Discipleship principles to transform the church" (Thèse de doctorat non publiée, Liberty University, 2012), https://digitalcommons.liberty.edu/doctoral/596/

[7] Dave Cole et Jon Wren, *Re-focus: Creating an outward-focused church culture* (Outward-Focused Network, 2018).

[8] Alejandro Bullón, *Total member involvement: A call to serve* (Silver Spring: Review & Herald Publishing Association, 2017).

[9] Ellen G. White, *The Desire of Ages* (Mountain View: Pacific Press Publishing Association, 1898), 678.

[10] Bullón, *Total member involvement.*

[11] Onyinah, "The meaning of discipleship."

[12] Bill Hull, *The disciple-making pastor—Leading others on the journey of faith* (Ada Township: Baker Books, 2007).

[13] Onyinah, "The meaning of discipleship."

[14] Brown, "By this they will know."

[15] Hull, *The disciple-making pastor.*

[16] Ellen G. White, *A Solemn Appeal* (Battle Creek: Seventh-day Adventist Publishing Association, 1870).

[17] Ellen G. White, *Témoignages pour l'Église*, vol. 8 (Washington: Ellen G. White Estate, Inc., 2010).

PARTIE II

COMMENT ETRE UN DISCIPLE?

CHAPITRE 4

◈ ◈ ◈

CHOISI POUR PRATIQUER DES DISCIPLINES SPIRITUELLES

"La méditation et la prière nous empêchent de nous précipiter spontanément sur la voie du danger, nous épargnant ainsi de nombreux échecs."
—Ellen G. White

Ceux qui se sont déjà consacrés à l'adoration, la prière ou le jeûne peuvent témoigner de la joie qu'ils éprouvent après ces précieux moments. Un jour, en rentrant chez moi après une journée d'adoration, j'étais avec ma femme, Gina, et ma fille, Daniela. Après avoir brièvement discuté de notre journée, Daniela s'est endormie. Je parlais à Gina du culte du jour. Nous avions tous deux été immensément bénis par le texte principal du sermon, trouvé dans Luc 9:1 - "Puis il appela ses douze disciples ensemble et leur donna le pouvoir et l'autorité sur tous les démons, et pour guérir les maladies." C'était comme une nouvelle révélation pour nous. Les capacités que Jésus offre à ses disciples nous étaient devenues plus claires. Ce verset m'a aidé toute la semaine.

L'adoration est l'une des disciplines spirituelles du disciple. Les disciplines spirituelles vous aideront à trouver Dieu dans ce monde tumultueux et vous offriront la clarté d'esprit. Les disciplines spirituelles sont les moyens de garder votre communion avec Jésus.

L'année dernière, un groupe de cinq pasteurs, dont moi-même, s'est rendu au Mexique. Nous étions ravis de nous revoir. L'itinéraire prévu comprenait l'aéroport JFK, New York, Monterrey, le Mexique, avec une courte escale à Mexico. Durant tout ce temps, nous rions, parlons ensemble en abordant toutes sortes de sujets. Les pasteurs adorent parler. Le moment vint de quitter Mexico pour Monterrey. Nous faisions la queue pour le contrôle final avant de monter à bord de l'avion. Au point de contrôle, le personnel de la compagnie aérienne consultait nos cartes d'embarquement, quand ils ont retenu l'un de nous pour l'informer que son vol était déjà parti. Quatre d'entre nous avaient le vol 910, mais ce pasteur disposait du numéro de vol 906. Il avait manqué son vol.

Ce fut à la fois un choc et une surprise pour le groupe, mais cela peut arriver à chacun de nous, y compris moi. Nous étions ensemble, appréciant la compagnie les uns des autres, nous comptions de fait les uns sur les autres sans prendre le temps d'étudier attentivement nos cartes d'embarquement personnelles.

Dans cette vie, vous êtes unique; chacun de nous a un itinéraire spécifique. Pour ne pas manquer votre vol, vous devez prendre chaque jour un moment spécifique pour observer votre itinéraire personnel avec Jésus.

Même si vous vous sentez bien et pensez que tout va bien, si vous ne prenez pas le temps d'écouter Jésus chaque jour, vous pourriez manquer le rêve que le Seigneur a conçu spécifiquement pour votre vie. C'est là que les disciplines spirituelles peuvent aider.

Les disciplines spirituelles vous aideront à trouver Dieu dans un monde bruyant. Les disciplines spirituelles sont les moyens de garder votre communion avec Jésus.

Harrington et Patrick citent DeYoung lorsqu'il écrit que personne n'atteint le plus haut niveau sportif sans s'entraîner.[1] Personne ne peut réussir en musique sans consacrer un temps énorme à la pratique. Personne ne brillera dans ses connaissances sans de longues études. Et à l'école de la sainteté, personne n'ira loin sans consacrer des heures, des jours et des années à étudier la Bible.

Hull écrit que le chemin de la piété est un chemin de discipline.[2] Il ajoute que les disciplines spirituelles sont des methodes nécessaires pour croître et suivre le Christ.

> Le chemin de la piété est un chemin de discipline.

Lynn affirme que les disciplines spirituelles sont des comportements ou des habitudes qu'une personne pratique pour ressembler davantage au Christ.[3] L'apôtre Paul demanda à son jeune disciple Timothée d'être discipliné pour atteindre la piété. Paul écrit: "Rejette les contes profanes et des absurdes. Exerce-toi à la piété" (1 Timothée 4:7).

Le mot que Paul utilise est le mot 'discipline' ou 'entraînement', en grec (Γύμναζε) qui peut être traduit par *gymnaze*, d'où le mot anglais 'gymnasium' et le français 'gymnase' tirent leur origine. Le Saint-Esprit sait que nous avons besoin d'entraînement et de discipline dans notre vie de disciples.

La discipline implique du temps et des efforts. Lynn écrit: "Les disciplines spirituelles telles que la prière, la lecture de la Parole de Dieu, la communauté (ou la fraternité), le jeûne et le culte pratiqués pendant une période significative conduisent à une vie changée."[4]

Être disciple de Jésus nécessite une discipline spirituelle.

Paul a dit: "Tous ceux qui combattent s'imposent toute espèce d'abstinences, et ils le font pour obtenir une couronne corruptible, mais nous, faisons-le pour une couronne incorruptible" (1 Corinthiens 9:25). Ici, nous pouvons voir que le Saint-Esprit encourage les croyants à pratiquer des disciplines dans leur vie spirituelle.

2 Timothée 2:5 est un autre texte concernant les disciplines spirituelles, dans lequel Paul déclare que quiconque concourt en tant qu'athlète ne reçoit pas la couronne du vainqueur sauf en concourant selon les règles.

Brown écrit: "Les disciplines spirituelles sont ces pratiques bibliques intentionnelles et régulières des disciples du Christ qui les positionnent devant Dieu afin qu'Il puisse les transformer "; en clair, ce sont des outils d'entraînement qui " développent l'intimité pour Dieu et l'aptitude à servir. ... Les disciplines spirituelles comprennent, mais sans s'y limiter, la lecture de la Bible, la prière, le jeûne, le service, le don, la journalisation et l'adoration."[5]

Travis soutient que la discipline est le travail continu du discipulat.[6] Nous pouvons voir dans la vie de Jésus le modèle et la motivation d'une vie disciplinée.

White écrit: "Dieu s'attend à ce que Son église discipline et prépare ses membres à l'œuvre d'éclairer le monde."[7]

Whitney mentionne que la discipline est au cœur du discipulat.[8] Cette déclaration est validée par 2 Timothée 1:7, qui dit: "Dieu ne nous a pas dotés d'un esprit de peur, mais de puissance et d'amour ainsi que d'un esprit sain." Une composante vitale de cette maîtrise de soi chez un disciple de Jésus est l'autodiscipline spirituelle, comme Paul l'a mentionné dans Galates 5:22-23.

> La discipline spirituelle doit être un mode de vie, parce que le diable utilisera toutes les armes possibles pour nous combattre.

Whitney affirme que peu de grandes choses pourraient être accomplies sans discipline.[9] De nombreux professionnels entre autres personnes ont été ruinés parce qu'ils ont abandonné la discipline pour se laisser aller.

Whitney suggère de se discipliner soi-même pour trouver le temps de se consacrer aux disciplines spirituelles.[10] White écrit: "Si les hommes endurent la discipline nécessaire, sans se plaindre ni s'évanouir, Dieu leur apportera Son enseignement à chaque heure et chaque jour."[11]

Chisholm affirme que les disciples ne peuvent grandir et mûrir dans la foi à moins de s'engager intentionnellement dans des pratiques spirituelles et de s'impliquer fermement dans une congrégation de compagnons disciples.[12] La formation de disciples ne survient pas par accident, il s'agit d'une discipline spirituelle.

Jésus explique le processus de formation de disciples. Nous devons rechercher sérieusement des occasions de partager l'Évangile (Marc

16:15), de baptiser les personnes et leur apprendre à obéir à tout ce que Jésus a commandé (Matthieu 28:19-20).

Whitney écrit que "pour que [les disciples] suivent Jésus, il fallait de la discipline. Ils devaient aller où Il allait et au moment où Il le choisissait. De nos jours aussi, suivre Jésus et apprendre de Lui implique de la discipline, car nous ne suivons pas quelqu'un par accident - du moins pas pour très longtemps - ni n'apprenons autant par accident qu'à travers la discipline. Êtes-vous un disciple discipliné de Jésus?"[13]

La discipline spirituelle doit être un mode de vie, parce que le diable utilisera toutes les armes possibles pour nous combattre. Whitney écrit: "Souvent, lorsque Satan échouait à susciter la méfiance, il réussissait à éveiller la présomption."[14]

Whitney affirme que la caractéristique essentielle de toute discipline spirituelle est son objectif, il n'y a donc que peu de valeur à pratiquer des disciplines spirituelles en dehors du seul but de la piété.[15]

Lynn mentionne que la principale raison pour laquelle un écart considérable existe entre la croyance des chrétiens et leur comportement réside dans le manque de discipline spirituelle au sein de la vie des disciples du Christ.[16]

White écrit: "Satan fait tout ce qui est son possible pour éloigner les gens de Dieu, et il réussit dans son objectif lorsque la vie religieuse est noyée dans les soucis des affaires, lorsqu'il parvient à absorber leur esprit dans les affaires au point qu'ils ne prennent plus le temps de lire leur Bible, de prier en secret et de maintenir l'offrande de louanges et d'actions de grâces brûlant sur l'autel du sacrifice, matin et soir."[17]

Dans ce chapitre, nous examinerons les disciplines spirituelles suivantes: lecture quotidienne de la Bible et méditation, prière, jeûne, culte, intendance et évangélisation.

Lecture quotidienne de la Bible et méditation

Lire la Bible et méditer sont des activités quotidiennes nécessaires pour ceux qui souhaitent suivre Jésus.

Whitney fait mention d'une enquête menée par le Barna Research Group, qui révéla ces chiffres alarmants: parmi les personnes qui se prétendent 'chrétiens régénérés', seules 18% lisent la Bible au quotidien. "Pire encore, 23% - près d'un chrétien sur quatre - déclarent ne jamais lire la Parole de Dieu."[18]

> Parmi les personnes qui se prétendent 'chrétiens régénérés', seules 18% lisent la Bible au quotidien.

Dans 2 Timothée 3:16, Paul écrit: "Toute Écriture est inspirée de Dieu, et utile pour enseigner, pour convaincre, pour corriger, pour instruire dans la justice." Whitney écrit qu'aucune discipline spirituelle n'est plus importante que la lecture de la Parole de Dieu.[19] Rien ne peut lui être substitué.

Hull affirme que la Bible nous aidera à connaître les voies et la volonté de Dieu.[20] La base de toute discipline spirituelle est enracinée dans les Écritures. Seule la Parole de Dieu peut nous aider à grandir spirituellement.

Hilgemann écrit: "Jésus a compris la Bible mieux que quiconque. Enfant, il étonna les rabbins du temple de Jérusalem par sa connaissance (Luc 2:46–47). Il cita les Écritures lorsqu'il fut tenté dans le désert (Luc

4:1–13). Et Il les citait continuellement dans Ses instructions (voir Matthieu 5:21; Marc 10:5–9). Il entama Son ministère par une lecture publique du livre d'Ésaïe (Luc 4:16-21). Jésus personnifie la Parole (Jean 1:14)."[21]

Aujourd'hui, plus que jamais, nous nous devons de pratiquer la discipline de l'étude et de la méditation de la Parole de Dieu. Le psaume 119:97 dit: "Ô, combien j'aime ta loi! Elle est toute la journée l'objet de ma méditation."

White écrit que toute la force de Jésus est vôtre:

> Ta Parole, je l'ai cachée dans mon cœur, afin de ne pas pécher contre Toi (Psaume 119:11).
>
> Par la Parole de Tes lèvres, je me suis éloigné des sentiers du destructeur. (Psaume 17:4)[22]

White nous dit: "Par la Parole de Dieu, le secours a été donné à l'armée hébraïque, et par la même Parole, il était donné à Jésus. Il attendit le temps choisi par Dieu pour apporter un soulagement. Il était dans le désert en obéissance à Dieu, et Il refusait d'obtenir de la nourriture en suivant les suggestions de Satan. En présence de l'univers témoin, Il démontra qu'il est moins désastreux de souffrir tout ce qui peut arriver que de s'écarter de quelque manière que ce soit de la volonté de Dieu."[23]

> Souviens-toi de tout le chemin que l'Éternel, ton Dieu, t'a fait faire tout au long de ces quarante années dans le désert, pour t'humilier et t'éprouver, pour savoir quelles étaient les dispositions de ton cœur, et si tu garderais ou non Ses commandements. Il t'a humilié, t'a fait souffrir de faim, et t'a nourri de la manne que tu ne connaissais pas et que n'avaient pas connue tes pères, afin de t'apprendre que l'homme ne vit

pas de pain seulement, mais que l'homme vit de chaque parole qui sort de la bouche du Seigneur (Deutéronome 8:2–3).

White écrit: "Dans chaque tentation, l'arme de guerre de Dieu est la Parole de Dieu."[24] White ajoute:

> Les disciples de Jésus ne connaîtront pas la volonté de Dieu s'ils se contentent de rester dans l'ignorance de sa Parole. Tous doivent se consacrer à l'étude de la Bible. Le Christ commanda à Ses disciples: "Sondez les Écritures, parce que vous pensez avoir en elles la vie éternelle: et ce sont elles qui rendent témoignage de moi." Pierre nous exhorte: " Mais sanctifiez dans vos cœurs Christ le Seigneur, étant toujours prêts à vous défendre, avec douceur et respect, devant quiconque vous demande raison de l'espérance qui est en vous."[25]

White affirme: "C'est par la Parole de Dieu que Christ a vaincu le malin."[26]

Bullón écrit qu'un disciple a besoin de connaître et faire confiance à la Parole de Dieu pour être en mesure de faire d'autres disciples.[27] Ce ne sont pas de simples connaissances théoriques. Un disciple est celui qui s'efforce à lire et à méditer la Bible et l'applique à sa vie quotidienne tout en incitant les autres au discipulat.

White écrit que la méditation et la prière "nous empêchent de nous précipiter spontanément sur la voie du danger, nous épargnant ainsi des nombreux échecs."[28]

Nous devons lire et méditer sur la Bible chaque jour. De nombreux versets de la Bible montrent l'importance de la lecture et de la méditation quotidiennes des Écritures.

Dieu donne la promesse du succès à ceux qui lisent quotidiennement les Écritures et les mettent en pratique. Il a dit: "Que ce livre de la loi ne s'éloigne point de ta bouche; médite-le jour et nuit, pour agir fidèlement selon tout ce qui y est écrit; car c'est alors que tu auras du succès dans tes entreprises, c'est alors que tu réussiras" (Josué 1:8).

Dans Psaume 1:1-3, nous lisons:

> Heureux l'homme
> Qui ne marche pas selon le conseil des impies,
> Qui ne s'arrête pas sur la voie des pécheurs,
> Et qui ne s'assied pas en compagnie des moqueurs,
> Mais qui trouve son plaisir est dans la loi de l'Éternel,
> Et qui la médite jour et nuit.
> Il est comme un arbre
> Planté près d'un cours d'eau,
> Qui donne son fruit en sa saison,

Et dont le feuillage ne se flétrit point.

> Tout ce qu'il fait lui réussit.
> Psaume 119:97-101 nous dit:
> Oh, combien j'aime Ta loi!
> Elle est tout le jour l'objet de ma méditation.
> Tes commandements me rendent plus sage que mes ennemis,
> Car je les ai toujours avec moi.
> Je suis plus instruit que tous mes maîtres,
> Car Tes préceptes sont l'objet de ma méditation.
> J'ai plus d'intelligence que les anciens,
> Car j'observe Tes ordonnances.

Je retiens mon pied loin de tout mauvais chemin,
Afin de garder Ta parole.

Il s'avère également crucial de mémoriser certains versets de la Bible. Whitney explique: "Il n'y a pas de meilleure illustration à cela que la confrontation de Jésus avec Satan dans le désert solitaire de Judée (voir Matthieu 4:1–11). Chaque fois que l'ennemi lançait une tentation à Jésus, il la parait avec l'épée de l'Esprit. C'est le souvenir, inspiré par l'Esprit, de textes spécifiques de l'Écriture qui a aidé Jésus à vaincre. Une des façons dont nous pouvons connaître davantage de victoires spirituelles est de faire comme Jésus l'a fait: mémoriser les Écritures afin que ce soit en nous que le Saint-Esprit nous rappelle quand cela s'avère nécessaire."[29]

Une arme contre le fanatisme

White écrit: "En 1844, nous affrontions le fanatisme de toutes parts, mais toujours la parole me venait: Une grande vague d'excitation est une blessure pour l'œuvre. Gardez vos pieds dans les empreintes du Christ."[30]

Elle ajoute:

[À] l'approche de la fin, l'ennemi travaillera de toutes ses forces pour introduire le fanatisme parmi nous.... Contre ce danger, je suis invitée à mettre en garde les pasteurs et les laïcs. Notre travail consiste à enseigner aux hommes et aux femmes à bâtir sur une base véritable, à planter leurs pieds sur une plaine "Ainsi dit le Seigneur."[31]

White affirme: "Satan est un étudiant diligent de la Bible. Il sait que son temps est court et il cherche à tout moment à contrer l'œuvre du Seigneur sur cette Terre."[32]

Prière

Quelque temps auparavant, une nièce de ma femme était enceinte et un jour du mois de son accouchement, elle s'est rendue chez le médecin pour un contrôle de routine. Le médecin lui a annoncé que le bébé ne respirait pas. Plus tard, ils ont découvert que le bébé qu'elle portait était mort. Le médecin l'a accusée de ne pas avoir prêté attention aux mouvements du bébé. On l'a aussitôt envoyée à l'hôpital pour un suivi. Elle y est restée pendant deux jours et n'a ressenti aucune forte contraction malgré une perfusion intraveineuse avec du Pitocin. Le médecin a décidé d'arrêter le Pitocin IV et de le redémarrer le lendemain.

La famille a été informée que la mère risquait une infection parce que le bébé était mort dans son ventre depuis environ trois jours. La famille pria, demandant à Dieu de sauver la mère et de lui permettre d'accoucher du bébé sans césarienne.

Alors que certains membres de la famille priaient, dimanche soir vers onze heures, l'un d'eux a eu une vision et a vu Jésus se poser. Il a placé Son pied gauche en premier sur le côté du lit de la mère. Jésus portait des vêtements d'hôpital et Il était intervenu dans ce cas. Vers 11 h 45, la mère a dit qu'elle avait chaud et a commencé à avoir des contractions. Elle a eu la force de pousser et a expulsé le bébé mort sans aucune aide humaine.

Oui! Il y a de la puissance dans la prière.

La Bible nous invite à prier. "Approchons-nous donc avec assurance du trône de la grâce afin d'obtenir miséricorde et trouver grâce, pour être secourus dans nos besoins (Hébreux 4:16)."

Hilgemann écrit: "La prière est la façon dont nous nous adressons à Dieu. Quand nous prions, Dieu écoute. Dieu est comme un Père extraordinaire qui aime donner de bons cadeaux à ses enfants (Luc 11:9-13). Nous devons persévérer dans nos prières jusqu'à ce que le Seigneur réponde (Luc 18:1–8), mais nous devons avoir foi en notre requête pour qu'elle soit efficace (Matthieu 21:22)."[33] Hilgemann affirme également que Jésus cherchait fréquemment à s'éloigner des foules pour prier dans la solitude et la tranquillité (Matthieu 14:23; Luc 5:16, 6:12; Marc 1:35).[34]

De nos jours, tels Jésus, nous devons régulièrement nous retirer pour passer du temps seuls avec Dieu dans la prière. Cela peut se faire en nous imposant de temps à autre une pause de nos appareils électroniques afin d'écouter Dieu plutôt que les opinions humaines.

White affirme:

> Le cœur humain aspire à la sympathie dans la souffrance. Ce désir que le Christ ressentait au plus profond de son être. Dans l'agonie suprême de Son âme, Il est venu vers Ses disciples avec le désir ardent d'entendre des paroles de réconfort de ceux qu'Il avait si souvent bénis, réconfortés et protégés dans le chagrin et la détresse. Celui qui avait toujours eu des paroles de sympathie pour eux souffrait à présent d'une agonie surhumaine, et Il aspirait à savoir qu'ils priaient pour Lui et pour eux-mêmes.[35]

White écrit:

Il serait avisé de passer une heure réfléchie chaque jour à revoir la vie du Christ de la crèche au calvaire. Nous devrions la considérer point par point et laisser l'imagination

> Il serait avisé de passer une heure réfléchie chaque jour à revoir la vie du Christ de la crèche au calvaire.

saisir vivement chaque scène, en particulier les dernières de sa vie terrestre. En contemplant ainsi Ses enseignements et Ses souffrances, et le sacrifice infini qu'Il a opéré pour la rédemption de la race, nous pouvons fortifier notre foi, vivifier notre amour et devenir plus profondément imprégnés de l'esprit qui a soutenu notre Sauveur.[36]

Lynn écrit que les prières de l'apôtre Paul portaient principalement sur des questions spirituelles (Éphésiens 1:16–19, 3:14–19; Philippiens 1:9–11; Colossiens 1:9–12), mais il priait en particulier pour que les disciples du Christ grandissent dans la piété.[37] Le fait de ne pas prier pour vivre une vie paisible, tranquille, pieuse et digne (1 Timothée 2:1-2) a abouti à des prières superficielles et à des chrétiens faibles.

Hull affirme qu'un disciple doit s'engager dans la prière.

Demandez ce que vous voudrez, et cela vous sera accordé (Jean 15:7).[38]

Hull note: "Un disciple qui reste en Christ et comprend Sa Parole sait quoi et comment prier. Il sait quoi demander et comment l'obtenir. Les qualifications supplémentaires pour la prière exaucée incluent l'observation des commandements (voir 1 Jean 3:22) et la prière selon la volonté de Dieu (voir 1 Jean 5:14-15)."[39]

Il poursuit:

La communication avec Dieu constitue la base du maintien et la racine de la vie en tant que disciple. Dieu me parle à travers les Écritures. Je lui réponds par la prière. Parler à Dieu est aussi vital que le fait que Dieu nous parle. Le disciple apprend à parler à Dieu en écoutant ce que Dieu a déjà dit. La prière répond à ce que Dieu a déjà dit. Demeurer en Christ requiert à la fois la Parole de Dieu et la prière.[40]

Jésus dit: "Et moi, je vous le dis: demandez… cherchez… et frappez " (Luc 11:9). La Bible nous indique aussi que Jésus " leur a dit une parabole selon laquelle ils devaient toujours prier" (Luc 11:9).

White écrit:

> À mesure que l'activité s'intensifie et que les hommes sont en mesure d'exécuter n'importe quel travail pour Dieu, il existe un risque à faire confiance aux méthodes et aux plans humains. La tendance est dans une prière moins fréquente et à une foi moins intense. Comme les disciples, nous risquons de perdre de vue notre dépendance à Dieu et de chercher la salvation dans notre activité. Nous devons constamment regarder en direction de Jésus, en sachant que c'est Sa puissance qui effectue le travail. Alors qu'il nous faut travailler sérieusement pour le salut des perdus, il nous faut également prendre du temps pour la méditation, la prière et l'étude de la Parole de Dieu. Seul le travail accompli avec beaucoup de prières et sanctifié par le mérite du Christ se révélera finalement efficace pour le bien.[41]

Hull mentionne: "La prière était le principal outil de recrutement d'ouvriers pour combler la main-d'œuvre vacante."[42]

Prière d'intercession

En examinant la Bible, nous voyons que tous les grands hommes et femmes de Dieu étaient des personnes pratiquant la prière d'intercession. Nous avons tous des défis à surmonter, mais nous devons prier pour nous-mêmes et pour les autres. Il nous faut suivre Jésus, qui est un Sauveur intercesseur. Le disciple se devra donc de pratiquer aussi la prière d'intercession.

> J'exhorte donc, avant toutes choses, à faire des supplications, des prières, des intercessions et des actions de grâces pour tous les hommes, pour les rois et pour tous ceux qui sont en autorité, afin que nous menions une vie paisible et pacifique en toute piété et révérence. Cela est bon et agréable aux yeux de Dieu notre Sauveur (1 Timothée 2:1–3).

Paul initie cette pensée en disant: "Avant toutes choses", ce qui signifie que les prières pour les autres ne devraient pas se trouver en dernière position sur notre liste. Prier pour les autres, ceux qui sont dans la foi et ceux qui ne croient pas en Jésus, est une priorité. C'est une attitude charitable aux yeux de Dieu.

Bullón affirme que nous avons besoin de disciples en prière. Si nous considérons la vie de l'Église et des apôtres aux premier et deuxième siècles, nous remarquons qu'ils ont appris du Maître.[43] Bien sûr, ils priaient pour leurs propres besoins matériels et spirituels, mais nous les voyons davantage prier pour les autres, même pour leurs leaders méprisés. La vie de l'Église primitive était une vie de prière constante pour les autres. Et quel en fut le résultat? La stupéfiante croissance de l'Église.

Kidder dit que la prière doit imprégner tous nos efforts d'évangélisation. Prenez l'habitude dans votre pratique de prier pour vos voisins, les membres de votre famille, vos collègues et vos connaissances dans la communauté.[44]

Bullón mentionne qu'il ne sert à rien de courir après les gens si vous ne commencez pas par la prière.[45] Priez chaque jour pour les personnes que vous souhaitez mener à Jésus. La prière d'intercession, en plus d'aider la personne pour qui vous priez, est aussi une bénédiction pour vous. Les circonstances défavorables auxquelles Job a été confronté ont changé lorsqu'il a commencé à prier pour ses amis.

> Il ne sert à rien de courir après les gens si vous ne commencez pas par la prière.

> Après que Job eut prié pour ses amis, l'Éternel lui accorda le double de tout ce qu'il avait possédé (Job 42:10).

Bullón cite l'exemple de Daniel dans Daniel 9, dans lequel se trouve une prière d'intercession. Si vous lisez l'intégralité de la prière, vous remarquerez qu'à aucun moment Daniel ne fait de requête pour lui-même. Sa prière est destinée au peuple d'Israël.

> Maintenant donc, ô notre Dieu, écoute la prière et les supplications de Ton serviteur, et, pour l'amour du Seigneur, fais briller Ta face sur Ton sanctuaire dévasté! Mon Dieu, prête l'oreille et écoute! Ouvre les yeux et regarde nos ruines, regarde la ville sur laquelle Ton nom est invoqué! Car ce n'est pas à cause de notre justice que nous Te présentons nos supplications, c'est à cause de Tes grandes compassions (Daniel 9:17-18).[46]

Bullón ajoute que la conversion est l'œuvre du Saint-Esprit.[47] Par conséquent, priez, priez et priez. Ne vous lassez pas de prier. Et si vous avez l'impression de ne pas observer de progrès, sachez que l'Esprit de Dieu agit de manière invisible, et c'est lorsque vous vous y attendrez le moins, que vous serez surpris. Il écrit en outre qu'il est nécessaire de trouver un partenaire de prière et de prier ensemble pour vos amis. Dieu répondra des cieux et ils deviendront de nouveaux disciples. Jésus a enseigné à Ses disciples à travailler de cette manière. Personne ne remplit la mission seul.

Jeûne

Whitney écrit sur le jeûne en ces termes: Le jeûne personnel est mentionné dans Matthieu 6:16–18 lorsque Jésus déclare qu'il nous faut jeûner sans que les autres ne le perçoivent. Les jeûnes corporatifs se trouvent dans Joël 2:15-16: "Sonnez de la trompette à Sion, publiez un jeûne, une convocation solennelle! Rassemblez le peuple!"[48]

Dans le Nouveau Testament, il peut être observé que la congrégation de l'église d'Antioche jeûnait ensemble (Actes 13:1–3). Nous y découvrons également l'Église en Galatie en train de jeûner (Actes 14: 21-23). Ce rituel était respecté "dans chaque église" (Actes 14:23).

White déclare: "Quand Pierre fut également emprisonné, toute l'Église s'engagea dans le jeûne et la prière."[49]

Selon Whitney, "Dieu établit un jeûne régulier dans l'ancienne alliance. Chaque année, chaque Juif devait jeûner le jour des expiations (voir Lévitique 16: 29-31)."[50] Aujourd'hui, Jésus s'attend à ce que ses disciples jeûnent. Notez les paroles de Jésus au début de Matthieu 6:16: "Cependant, quand vous jeûnez…" En nous donnant des instructions sur ce qu'il faut et ne faut pas faire quand nous jeûnons, Jésus suppose que nous jeûnerons.

Nous savons que les chrétiens, dans le livre des Actes, jeûnaient (voir 9: 9; 13:2; 14:23). Paul nous exhorte à prier et à jeûner: "Ne vous privez point l'un de l'autre, si ce n'est d'un commun accord pour un temps, afin de vous adonner au jeûne et à la prière, puis retrouvez-vous, afin que Satan ne vous tente pas en raison de votre manque de tempérance" (1 Corinthiens 7:5). De fait, Paul a beaucoup jeûné: "dans le peine et le travail, exposé à de nombreuses veilles, à la faim et à la soif, à des jeûnes multipliés, au froid et à la nudité" (2 Corinthiens 11:27).

Whitney écrit:

> Dans les Écritures, nous trouvons des exemples de jeûnes qui duraient un jour ou une partie de la journée (voir Juges 20:26; 1 Samuel 7:6; 2 Samuel 1:12, 3:35; Néhémie 9:1; Jérémie 36:6), un jeûne d'une nuit (voir Daniel 6:18-24), des jeûnes de trois jours (voir Esther 4:16; Actes 9:9), des jeûnes de sept jours (voir 1 Samuel 31:13; 2 Samuel 12:16–23), un jeûne de quatorze jours (voir Actes 27:33–34), un jeûne de vingt et un jours (voir Daniel 10:3–13), un jeûne de quarante jours (voir Deutéronome 9:9; 1 Rois 19:8; Matthieu 4:2) et des jeûnes d'une durée indéterminée (voir Matthieu 9:14; Luc 2:37; Actes 13:2, 14:23). À proprement parler, l'abstinence d'un repas à des fins spirituelles constitue un jeûne. Ainsi, la durée de votre jeûne dépend de vous et de la direction du Saint-Esprit.[51]

Le jeûne doit avoir un objectif

Un jeûne biblique implique bien plus que de s'abstenir de manger. Sans but spirituel, votre jeûne s'apparentera à un régime visant à perdre du poids.

Vous pouvez jeûner pour renforcer votre vie de prière, rechercher la direction de Dieu, guérir, rechercher la délivrance et la protection, vaincre la tentation ou rechercher la croissance spirituelle.

White fait les déclarations suivantes:

> Il est nécessaire de jeûner, de s'humilier et de prier sur notre zèle déclinant et notre spiritualité languissante.[52]

Il nous faut nous humilier devant le Seigneur, par le biais du jeûne et la prière, et méditer longuement sur Sa parole, et plus précisément sur les scènes du jugement. Nous devons dès maintenant rechercher une expérience profonde et vivante dans les choses de Dieu. Nous n'avons pas un moment à perdre. Des événements d'importance vitale se déroulent autour de nous ; nous sommes sur le terrain enchanté de Satan. Ne dormez pas, sentinelles de Dieu; l'ennemi se cache à proximité, prêt à tout moment, si vous devenez distrait et somnolent, à vous sauter dessus et faire de vous sa proie.[53]

> Il nous faut nous humilier devant le Seigneur, par le biais du jeûne et la prière, et méditer longuement sur Sa parole, et plus précisément sur les scènes du jugement.

Le vrai jeûne, qui devrait être recommandé à tous, est l'abstinence de toute sorte d'aliments stimulants et une consommation appropriée d'une nourriture saine et simple. Les hommes doivent moins penser à ce qu'ils vont manger et boire, à la nourriture temporelle, et beaucoup plus à la nourriture du ciel qui donnera du tonus et de la vitalité à toute l'expérience religieuse.[54]

Pour certaines choses, le jeûne et la prière sont recommandés et appropriés. Dans la main de Dieu, ils sont un moyen de purifier le cœur et de favoriser un état d'esprit réceptif. Nous obtenons des réponses à nos prières parce que nous humilions nos âmes devant Dieu.[55]

Parlez moins; beaucoup de temps précieux est perdu dans un discours qui n'apporte aucune lumière. Que les frères s'unissent dans le jeûne et la prière pour la sagesse que Dieu a promis de pourvoir généreusement.[56]

Pour réussir dans un tel conflit, ils doivent venir travailler dans un esprit différent. Leur foi doit être renforcée par la prière et le jeûne fervents, ainsi que par l'humiliation du cœur.[57]

Je pense que vous vous êtes trompés en jeûnant deux jours durant. Dieu ne vous l'a pas demandé. Je vous prie d'être prudent et de manger librement de la nourriture saine deux fois par jour. Vous perdrez de la force et votre esprit se déséquilibrera si vous poursuivez votre régime d'abstinence.[58]

Whitney ajoute: "Le jeûne démontre notre faim de Dieu - lorsqu'on souhaite ardemment une nouvelle rencontre avec Dieu, qu'on désire qu'Il réponde à une prière, qu'Il sauve une personne, qu'Il travaille puissamment dans notre église, qu'Il nous guide ou nous protège – plus que notre faim de la nourriture que Dieu a créée pour nous permettre de vivre. Dieu a réprimandé une fois les Juifs, non pour leur échec à jeûner, mais pour leur jeûne dénué d'une faim centrée sur Dieu."[59]

Adoration

La Bible nous ordonne d'adorer Dieu. Le disciple met fortement l'accent sur son temps d'adoration. Dans 1 Chroniques 16:29, nous lisons: "Rendez au Seigneur la gloire due à son nom; Apportez une offrande et venez devant lui. Adorez le Seigneur dans la beauté de la sainteté!

De nombreux croyants ont fait du mot " adorer " un synonyme de chant, mais cela va bien au-delà de cet acte de chanter.

Hilgemann écrit: "Que nous soyons réunis à l'église ou seuls dans nos chambres, quand nous pensons à la grandeur de Dieu, nous ne faisons qu'une chose: l'adorer."[60]

Whitney écrit que nous pouvons également considérer l'adoration comme une discipline qui doit être cultivée, ce qui permet aux disciples de rester sains et de grandir.[61]

White affirme: "Louer Dieu dans la plénitude et la sincérité de son cœur est un devoir, est aussi important que la prière."[62]

Kidder écrit que si une chose vaut la peine d'être bien faite, c'est l'adoration de notre glorieux Dieu.[63] Il faut s'attendre à observer des changements dans l'adoration uniquement au travers de la prière et l'œuvre du Saint-Esprit. C'est par une planification, une pratique et une communication intentionnelles que nous pouvons offrir un service d'adoration qui honore Dieu tout en édifiant et en élevant les membres et les invités.

Brosius mentionne que "Dans 2 Corinthiens 3:17-18, Paul déclare que le Saint-Esprit lui-même fait l'œuvre de transformation dans la vie des croyants. Les programmes humains et même la stratégie de disciplat ne sont pas ce qui change des vies; seul Dieu est en mesure de travailler dans les cœurs."[64]

Whitney demande si vous vous engagerez vous-mêmes à la discipline du culte quotidien.

"Si vous n'adorez pas Dieu sept jours par semaine", déclara A. W. Tozer, "vous ne L'adorez pas un seul jour de la semaine." Ne nous leurrons pas. Le vrai culte, en tant qu'événement, une fois par semaine n'existe pas.[65]

En tant que vrais disciples, nous ne pouvons nous attendre à ce que notre adoration se déroule paisiblement le jour du sabbat si nous n'adorons pas Dieu chez nous au quotidien.

Whitney affirme: "Jésus lui-même a souligné et obéi au commandement de l'Ancien Testament: "Tu adoreras le Seigneur ton Dieu, et tu Le serviras seul." (Matthieu 4:10) C'est le devoir et le privilège de tout le monde d'adorer son Créateur. "Ô, viens, adorons et prosternons-nous", dit Psaume 95: 6, "agenouillons-nous devant l'Éternel, notre Créateur!" Dieu attend clairement de nous que nous adorions. C'est notre raison d'être! La piété sans l'adoration de Dieu est impensable."[66]

Dans Apocalypse 4: 8, nous témoignons de quatre créatures autour du trône qui adorent Dieu inlassablement:

> Les quatre créatures vivantes, chacune dotée de six ailes, étaient munies d'yeux tout autour d'elles ainsi qu'à l'intérieur. Et elles ne se reposaient ni le jour ni la nuit, clamant sans cesse:
>
> "Saint, Saint, Saint,
>
> Seigneur Dieu Tout-Puissant,
>
> Qui était et est, et est à venir!"

Ésaïe 6:1-4 nous montre une scène partielle du culte céleste:

L'année de la mort du roi Ozias, je vis le Seigneur assis sur un trône très élevé, et les pans de sa robe remplissaient le temple. Des séraphins se tenaient au-dessus de Lui; ils avaient chacun six ailes; deux dont ils se couvraient le visage, deux dont ils se couvraient les pieds, et deux dont ils se servaient pour voler. Ils criaient l'un à l'autre, et disaient:

"Saint, Saint, Saint est le Seigneur des armées!

Toute la terre est pleine de Sa gloire!"

Les portes furent ébranlées dans leurs fondements par la voix qui retentissait, et la maison se remplit de fumée.

Hébreux 12:28 nous invite à adorer Dieu de manière acceptable "avec révérence et pieuse crainte." Hawkins, Kinnaman, et Matlock déclarent: "Adorer Dieu et faire l'expérience de l'émergence de Sa présence encore et encore sont des priorités capitales pour les disciples résilients."[67]

Gestion chrétienne de la vie

La Bible dit: "Il y a plus de bonheur à donner qu'à recevoir" (Actes 20:35).

La générosité ne se résume pas à donner. Elle change votre façon de penser et de gérer vos ressources.

"Tel, qui donne libéralement, s'enrichit; et tel, qui épargne à l'excès, ne fait que s'appauvrir" (Proverbes 11:24).

Ecclésiaste 5:10 met en garde contre l'amour de l'argent, car jamais il ne satisfait. La raison pour laquelle nous devrions être généreux réside dans le fait que rien de ce que nous possédons ne nous appartient. Tout ce que nous possédons appartient de fait à Dieu (Psaume 24: 1). Nous gérons simplement les ressources de Dieu.

Jésus aborda souvent l'argent et les possessions dans Ses enseignements. Il avertit Ses disciples: "Prenez garde et méfiez-vous de la convoitise, car la vie d'une personne ne consiste pas en l'abondance des choses qu'il possède" (Luc 12:15). Nous devrions plutôt stocker nos trésors dans le ciel, parce que notre cœur suit notre trésor (Matthieu 6: 19-21). Si nous n'y prenons pas garde, le souci de ces richesses s'insinuera dans nos vies et nous éloignera de Dieu.

Alors, Jésus demande: "Et que servirait-il à un homme de gagner tout le monde, s'il perdait son âme? Ou que donnerait un homme en échange de son âme?" (Matthieu 16:26). En termes simples: " Vous ne pouvez servir Dieu et Mammon" (Matthieu 6:24).

Le problème n'est pas la richesse en elle-même; c'est notre attitude à l'égard de l'argent. Nous devons apprendre à être satisfaits, peu importe combien d'argent nous avons (1 Timothée 6:6). Paul enseigne aux riches à " être riches en bonnes œuvres, prêts à donner, disposés à partager " (1 Timothée 6:17). En outre, le don doit être fait avec la bonne attitude parce que "Dieu aime celui qui donne avec joie" (2 Corinthiens 9:7).

Hilgemann mentionne: "Tandis que la plupart des Américains dépensent aujourd'hui plus qu'ils ne gagnent, ceux qui pratiquent la générosité doivent se discipliner pour vivre avec moins. Cela libère plus de temps, d'argent et de biens à être rendus à Dieu."[68]

White déclare:

> Les vrais convertis sont appelés à exécuter un travail qui requiert de l'argent et de la consécration. Les obligations qui

nous engagent à inscrire nos noms sur la liste de l'Église nous donnent la responsabilité de travailler pour Dieu au maximum de nos capacités. Il nous appelle à un service sans partage pour l'entière dévotion du cœur, de l'âme, de l'esprit et de la force. Le Christ nous a conduits au sein de l'Église afin de pouvoir engager et absorber l'entièreté de notre potentiel dans un service dévoué pour le salut des autres. Faire moins que cela va à l'encontre du travail requis. Il n'existe que deux endroits dans l'univers où nous pouvons déposer nos trésors: dans les entrepôts de Dieu ou de Satan. Tout ce qui n'est pas consacré au service de Dieu est compté du côté de Satan et renforcera sa cause.[69]

> Tout sacrifice fait dans son ministère sera récompensé selon " l'infinie richesse de Sa grâce".

White écrit: "Tout sacrifice fait dans son ministère sera récompensé selon "l'infinie richesse de Sa grâce" (Éphésiens 2: 7)."[70]

White déclare: "L'utilisation du bateau de Pierre pour l'œuvre de l'Évangile a été largement récompensée. Celui qui est 'riche pour tous ceux qui l'invoquent' a proclamé: 'Donnez, et il vous sera donné: on versera dans votre sein une bonne mesure, serrée, secouée et qui déborde' (Romains 10:12; Luc 6:38)"[71] Elle écrit:

Même maintenant, toutes choses créées déclarent la gloire de Son excellence. Il n'y a rien, à part le cœur égoïste de l'homme, qui vit pour lui-même. Aucun oiseau ne fend l'air, aucun animal ne se déplace sur le sol si ce n'est pour servir à une autre vie. Il n'existe pas une feuille de la forêt ou le plus petit brin d'herbe qui n'ait pas son ministère. Chaque arbre, chaque arbuste et chaque feuille déverse cet élément de vie sans lequel ni l'homme ni l'animal ne pourrait vivre, et l'homme et l'animal, à leur tour, administrent la vie de l'arbre, de l'arbuste et de la feuille.[72]

> Il n'y a rien, à part le cœur égoïste de l'homme, qui vit pour lui-même.

White ajoute: "L'appel à tout placer sur l'autel du service vient à chacun."[73]

Dans Éphésiens 5:15-16, Paul dit: "Prenez donc garde à vous conduire avec circonspection, non comme des insensés, mais comme des sages; rachetez le temps, car les jours sont mauvais." Paul peut avoir exhorté les chrétiens d'Éphèse à tirer le meilleur parti de leur temps parce que lui et/ou les Éphésiens souffraient de persécution ou d'opposition (comme dans Actes 19:23–20:1). Dans tous les cas, nous devons nous aussi utiliser à bon escient chaque moment, parce que "les jours sont mauvais."

Nous devons également comprendre l'utilisation disciplinée de l'argent. Dieu possède tout ce que vous possédez. Dans 1 Corinthiens 10:26, Paul cite le Psaume 24:1, qui dit: "À l'Éternel la Terre et ce qu'elle renferme, le monde et ceux qui l'habitent!" Dieu possède tout, y compris tout ce que vous possédez, parce qu'Il a tout créé. "Toute la Terre est à moi", déclare le Seigneur dans Exode 19:5. Il le déclara à nouveau dans Job 41:11: "Sous le ciel, tout m'appartient."

Paul a dit: "Si quelqu'un n'a pas soin des siens, et principalement de ceux de sa famille, il a renié la foi, et il est pire qu'un infidèle " (1 Timothée 5: 8).

Whitney écrit: "Nous ne possédons rien. Dieu possède tout et nous sommes Ses gestionnaires. Pour la plupart d'entre nous, l'immeuble que nous appelons maintenant 'ma maison' était appelé 'ma maison' par quelqu'un d'autre quelques années plus tôt. Et dans quelques années, quelqu'un d'autre l'appellera 'ma maison.'"[74]

Donner est un acte d'adoration. Dans Philippiens 4:18, l'apôtre Paul remercia les chrétiens de la ville grecque de Philippes pour le don financier qu'ils ont effectué dans le but de soutenir son ministère missionnaire; il écrit: "J'ai tout reçu, et je suis dans l'abondance; j'ai été comblé de biens, en recevant par Epaphrodite ce qui vient de vous comme un parfum de bonne odeur, un sacrifice que Dieu accepte, et qui lui est agréable."

> Donner doit être sacrificiel et généreux.

Dieu déclara dans Deutéronome 16:16: "On ne paraîtra point devant l'Éternel les mains vides." Whitney écrit que "Donner doit être sacrificiel et généreux. La veuve, que Jésus félicita, illustre le fait que donner à Dieu n'est pas seulement destiné à ceux qui, comme l'on dit, 'peuvent se le permettre'. L'apôtre Paul fournit une autre illustration du genre dans 2 Corinthiens 8:1-5 quand il narre comment les chrétiens pourtant pauvres en Macédoine se sacrifiaient pour donner généreusement."[75]

Donner reflète la fiabilité spirituelle. Jésus révèle cette perspicacité surprenante sur les voies du royaume de Dieu dans Luc 16:10–13 quand il nous incite à donner volontairement, avec gratitude et avec joie.

Les dons doivent être planifiés et systématiques. Notez comme l'apôtre Paul commande l'acte du don aux chrétiens: "Maintenant, concernant la collecte en faveur les saints, agissez, vous aussi, comme je l'ai ordonné aux Églises de la Galatie: que chacun de vous, le premier jour de la semaine, mette à part chez lui ce qu'il pourra, selon sa prospérité, afin qu'on n'attende pas mon arrivée pour recueillir les dons" (1 Corinthiens 16:1–2). Cette "collecte en faveur des saints" était une offrande spéciale pour les pauvres chrétiens souffrant à Jérusalem en raison de la famine.

Évangélisation et témoignage

Faire des disciples est la pierre angulaire de l'Église. Dans Actes 5:42, Luc écrit: "Et chaque jour dans le temple et dans chaque maison, ils ne cessèrent d'enseigner et d'annoncer la bonne nouvelle de Jésus-Christ." Les premiers disciples s'engageaient quotidiennement à parler de Jésus, à partager l'Évangile et à enseigner aux autres comment suivre Jésus. C'était une discipline quotidienne. Parler de Jésus chaque jour est le devoir de chaque disciple. Il ne s'agit pas seulement du travail d'une poignée de religieux.

Nous pouvons évangéliser selon nos talents. Chaque disciple a reçu du Seigneur un ou plusieurs talents. Dans Matthieu 25:14-29, Jésus s'attend à ce que chacun de Ses disciples apporte sa propre contribution pour l'avancement de Son royaume, puisqu'un jour, nous rendrons compte à Dieu.

Certains peuvent opter pour l'évangélisation par le biais d'Internet. Internet a de fait modifié le comportement humain dans le monde entier. Haigh, Russell, et Dutton retracent les débuts d'Internet à partir des années 1960, avec la création de l'ARPANET.[76] Dans les années 1990, l'institutionnalisation de la gouvernance de l'Internet a défini des politiques de base pour guider les progrès du domaine.[77] Les statistiques indiquent que plus de 3,8 milliards de personnes utilisent Internet. Dans ce monde numérique, les innovations technologiques redéfinissent les schémas de notre culture et, selon la loi de Moore, il n'y a pas de retour possible.[78] Les outils numériques d'Internet peuvent se révéler un moyen puissant de faire des disciples.

Les médias sociaux peuvent être utilisés de manière très efficace pour faire passer le message. Lorsqu'ils sont bien contrôlés, Facebook, Twitter, LinkedIn, WhatsApp, Tumblr, etc., peuvent se révéler des outils puissants pour faire des disciples. De nos jours, les opportunités sont infinies. L'utilisation de podcasts afin d'atteindre des personnes pour le Christ peut aussi s'avérer phénoménale.

Néanmoins, Internet ne remplacera jamais une approche personnelle. Nous devons parler aux gens de ce que Jésus a fait dans notre vie personnelle. Personne ne peut nier notre expérience personnelle avec Jésus, et chaque disciple a une histoire unique à raconter aux autres à propos de Jésus.

Gallo (2019) présente cinq dispositifs rhétoriques qui peuvent aider lorsque nous partageons notre histoire. Aristote les a identifiés il y a deux mille ans, et les maîtres de la persuasion les utilisent encore à l'heure actuelle: (1) l'ethos ou "le personnage", (2) le logos ou "la raison", (3) le pathos ou "l'émotion", (4) la métaphore et (5) la concision.[79]

Conclusion

Il peut s'avérer difficile de pratiquer les disciplines spirituelles dont nous avons discuté dans ce chapitre, mais si vous demandez à Dieu de vous aider, Il vous donnera Son Esprit pour vous guider. Après un certain temps, vous formerez de nouvelles habitudes spirituelles. Ces disciplines spirituelles vous aideront dans votre marche auprès de Dieu.

Application personnelle

Aujourd'hui, je prends conscience pourquoi ma vie spirituelle était si faible. Je demande à Dieu de pardonner ma négligence spirituelle. Je veux suivre Jésus dans Ses disciplines spirituelles. Je veux être plus sérieux au sujet de la vie éternelle. Je veux prendre le temps de lire et de méditer quotidiennement sur la Bible. Je veux consacrer certains jours à jeûner.

Prières suggérées

1. Jésus, par Ta grâce, aide-moi à pratiquer des disciplines spirituelles afin que je puisse rester un disciple fidèle.

2. Ô Dieu, ne me laisse pas tomber dans le formalisme ou le légalisme lorsque je pratique des disciplines spirituelles. Laisse-moi être vrai et sincère dans ma vie spirituelle.

3. Jésus, aide-moi à persévérer dans la pratique des disciplines spirituelles, tel que Tu l'as fait jusqu'à la croix.

Notes

1 Bobby Harrington et Josh R. Patrick, *The disciple maker's handbook: Seven elements of a discipleship lifestyle* (Grand Rapids: Zondervan, 2017).

2 Bill Hull, *The complete book of discipleship: On being and making followers of Christ* (Colorado Springs: NavPress, 2006).

3 Jeffrey Lynn, "Making disciples of Jesus Christ: Investigating, identifying, and implementing an effective discipleship system" (Thèse de doctorat non publiée, Liberty University, 2014), https://digitalcommons.liberty.edu/doctoral/878.

4 Lynn, "Making disciples of Jesus Christ," 7.

5 Mark R. Brown, "By this they will know: Discipleship principles to transform the church" (Thèse de doctorat non publiée, Liberty University, 2012), 70, https://digitalcommons.liberty.edu/doctoral/596/

6 Travis, James, "Discipline in the new testament," *Pastoral Psychology* 16, no. 9 (1965): 12–21, https://doi.org/10.1007/bf01793446

7 Ellen G. White, *Service chrétien* (Washington: Ellen G. White Estate, Inc, 2010), 41.

8 Donald S. Whitney, *Spiritual disciplines for the Christian life* (Colorado Springs: NavPress, 2014).

9 Whitney, *Spiritual disciplines for the Christian life.*

10 Ibid.

11 Ellen G. White, *The Desire of Ages* (Mountain View: Pacific Press Publishing Association, 1898), 131.

12 David Chisholm, "Formulating a covenant of discipleship for the membership of the Gwinnett Church of Christ" (Thèse de doctorat non publiée, Abilene Christian University, 2016), https://digitalcommons.acu.edu/dmin_theses/25/

[13] Whitney, *Spiritual disciplines for the Christian life*, 14.

[14] Ibid, 61.

[15] Whitney, *Spiritual disciplines for the Christian life*.

[16] Lynn, "Making disciples of Jesus Christ."

[17] Ellen G. White, *Témoignages pour l'Église*, vol. 5 (Washington: Ellen G. White Estate, Inc., 2010), 426.

[18] Whitney, *Spiritual disciplines for the Christian life*, 27

[19] Whitney, *Spiritual disciplines for the Christian life*.

[20] Bill Hull, *The disciple-making church: Leading a body of believers on the journey of faith* (Grand Rapids: Baker Books, 2010).

[21] Brandon Hilgemann, "12 spiritual disciplines that will make your faith strong," Church Leaders, last modified May 9, 2018, https://churchleaders.com/outreach-missions/outreach-missions-articles/325192-12-spiritual-disciplines-that-will-make-your-faith-strong-brandon-hilgemann.html

[22] White, *The Desire of Ages*, 59.

[23] Ibid, 57.

[24] Ibid, 56.

[25] Ellen G. White, *Témoignages pour l'Église*, vol. 2 (Washington: Ellen G. White Estate, Inc, 2010), 633-634.

[26] White, *The Desire of Ages*, 135.

[27] Alejandro Bullón, *Total member involvement: A call to serve* (Silver Spring: Review & Herald Publishing Association, 2017).

[28] White, *The Desire of Ages*, 61.

[29] Whitney, *Spiritual disciplines for the Christian life*.

[30] Ellen G. White, *Gospel Workers* (Hagerstown: Review and Herald Publishing Association, 1915), 316.

[31] Ibid.

[32] Ellen G. White, *Témoignages pour l'Église*, vol. 3 (Washington: Ellen G. White Estate, Inc, 2010).

[33] Hilgemann, "12 spiritual disciplines."

[34] Ibid.

[35] White, *The Desire of Ages*, 392.

[36] Ellen G. White, *Témoignages pour l'Église*, vol. 4 (Washington: Ellen G. White Estate, Inc, 2010), 374.

[37] Lynn, "Making disciples of Jesus Christ."

[38] Bill Hull, *The disciple-making pastor—Leading others on the journey of faith* (Ada Township: Baker Books, 2007).

[39] Ibid, 83.

[40] Ibid, 83.

[41] White, *The Desire of Ages*, 362.

[42] Hull, *The disciple-making pastor*, 180.

[43] Alejandro Bullón, *Total member involvement: A call to serve* (Silver Spring: Review & Herald Publishing Association, 2017).

[44] S. J. Kidder, *Moving your church: Becoming a spirit-led community* (Nampa: Pacific Press Publishing Association, 2015).

[45] Bullón, *Total member involvement.*

[46] Ibid.

[47] Ibid.

[48] Whitney, *Spiritual disciplines for the Christian life.*

[49] Ellen G. White, *The Acts of the Apostles* (Scotts Valley: Createspace Independent Publishing Platform, 2014), 144.

[50] Whitney, *Spiritual disciplines for the Christian life*, 195.

[51] Ibid, 198.

[52] White, *Gospel Workers*, 37.

[53] Ellen G. White, *Prophets and Kings* (Washington: Ellen G. White Estate, Inc., 2018), 601.

[54] Ellen G. White, "Letter 73," in *Letters and Manuscripts*, vol. 11 (Washington: Ellen G. White Estate, Inc., 1896).

[55] White, "Letter 73."

[56] White, *Gospel Workers*, 236.

[57] White, *The Desire of Ages*, 431.

[58] Ellen G. White, *Counsels on Diet and Foods* (Hagerstown: Review and Herald Publishing Association, 1938), 191.

[59] Whitney, *Spiritual disciplines for the Christian life.*

[60] Hilgemann, "12 spiritual disciplines."

[61] Whitney, *Spiritual disciplines for the Christian life.*

[62] White, *Service chrétien*, 150.

[63] Kidder, *Moving your church.*

[64] Kevin M. Brosius, "Culture and the church's discipleship strategy," *Journal of Ministry & Theology* 21, no. 1 (2017): 123–157, https://www.clarkssummitu.edu/wp-content/uploads/2018/06/Brosius%E2%80%93Culture-and-the-Church.pdf

[65] Whitney, *Spiritual disciplines for the Christian life*, 115.

[66] Ibid, 102.

[67] Aly Hawkins, David Kinnaman, et Mark Matlock, *Faith for exiles: 5 ways for a new generation to follow Jesus in Digital Babylon* (Grand Rapids: Baker Books, 2019), 61.

[68] Hilgemann, "12 spiritual disciplines."

[69] Ellen G. White, *Témoignages pour l'Église*, vol. 6 (Washington: Ellen G. White Estate, Inc., 2010), 447.

[70] White, *The Desire of Ages*, 130.

[71] Ibid.

[72] Ibid, 3.

[73] White, *Service chrétien*, 74.

[74] Whitney, *Spiritual disciplines for the Christian life*, 160.

[75] Ibid, 174.

[76] Thomas Haigh, Andrew L. Russell, et William H. Dutton, "Histories of the internet: Introducing a special issue of information & culture," *Information & Culture* 50, no. 2 (2015): 143–159, https://doi.org/10.7560/IC50201

[77] Jean-Marie Chenou, "From cyber-libertarianism to neoliberalism: Internet exceptionalism, multi-stakeholderism, and the institutionalisation of internet governance in the 1990s," *Globalizations* 11, no. 2 (2014): 205–223, https://doi.org/10.1080/14747731.2014.887387

[78] Rogier Wester et John Koster, "The software behind Moore's Law," *IEEE Software* 46, no. 10 (2015): 66–72, https://doi.org/10.1109/MC.2013.7

[79] Carmine Gallo, "The art of persuasion hasn't changed in 2,000 years," Harvard Business Review, last modified July 15, 2019, https://hbr.org/2019/07/the-art-of-persuasion-hasnt-changed-in-2000-years?utm_medium=email&utm_source=newsletter_daily&utm_campaign=mtod_notactsubs.

CHAPITRE 5

◆—◆—◆

CHOISI POUR DEVELOPPER UNE STRATEGIE DE DISCIPULAT

"Jésus forma quelques disciples et leur apprit à faire d'autres disciples. Dix-sept fois, nous trouvons Jésus avec les foules, mais quarante-six fois nous L'observons auprès de Ses disciples."

—Dann Spader

En écrivant ce livre, j'ai fait une merveilleuse expérience que je n'avais jamais vécue auparavant. Une nuit, j'ai eu un rêve époustouflant. J'ai vu le visage de Jésus apparaître soudain dans un encadrement. Plus je le regardais, plus je voyais la gloire irradier sur son visage de façon indescriptible. Quelques secondes plus tard, le texte suivant est apparu: " 'Ce n'est ni par la force ni par la puissance, mais par Mon Esprit', dit le Seigneur des armées." (Zacharie 4:6). Ce rêve a un impact considérable sur ma vie. Aucun mot humain n'est en mesure d'exprimer ce que je ressens. Cette expérience a profondément changé ma perspective sur le texte de Zacharie. À travers ce rêve, j'ai fait l'expérience de l'amour et de la grâce de Jésus à un niveau très profond dans ma vie. Même lorsque nous ne le méritons pas, Il nous montre Sa grâce et Sa miséricorde. J'ai réalisé que peu importe les circonstances auxquelles je suis confronté dans la vie, la solution viendra par le Saint-Esprit.

Le cœur même du discipulat est Jésus. Être disciple, c'est regarder continuellement en direction de Jésus. Tout est possible, uniquement par le Saint-Esprit.

Les pasteurs et les leaders des églises locales sont fort occupés. Il peut être difficile pour eux de rester concentrés sur leur mission première, à savoir: faire des disciples. Il leur est facile de perdre leur concentration face à tant de défis, de requêtes et de programmes. C'est pourquoi il leur faut prendre du recul et sortir de leurs régimes surchargés de temps à autre afin d'évaluer leurs ministères et écouter le Seigneur, en vue de conduire l'Église sur le chemin de Dieu à travers le Saint-Esprit. Dieu aspire à se révéler de plus en plus à chacun de Ses enfants. Les leaders spirituels sont les instruments de Dieu pour rapprocher Son peuple de Lui dans une relation inébranlable.

Le pasteur Cole écrit:

> Je recommande aux leaders de prendre une retraite spirituelle chaque année afin de s'éloigner de toutes les voix et apprendre à entendre la seule voix de Jésus. Les pasteurs ou les leaders des églises locales auront du mal à percevoir la voix de Jésus à moins de débrancher périodiquement tous leurs appareils électriques et de s'en tenir à Jésus et Sa Parole. De nombreuses voix bombardent quotidiennement les leaders, tentant de consommer leur temps et leur concentration. La voix de Jésus est tournée vers l'extérieur. Tel un berger, il ne pourra

éprouver de joie tant que toutes ses brebis n'auront pas été sauvées.[1]

Bullón écrit que "le travail principal du pasteur n'est pas de conduire les gens au Christ. Ce travail, dans le plan de Dieu, doit être accompli par chaque croyant."[2]

White déclare:

> En travaillant là où la foi existe déjà, le pasteur ne devrait pas, dans un premier temps, chercher à convertir les incroyants, mais plutôt s'atteler à former les membres de l'église pour les mener à collaborer librement. Qu'il travaille sur eux individuellement, en essayant de les inciter à rechercher eux-mêmes une expérience plus profonde. Lorsqu'ils seront prêts à soutenir le ministère par leurs prières et leurs travaux, un plus grand succès accompagnera les efforts de celui-ci.[3]

White déclare: "La prédication est une petite partie du travail à accomplir pour le salut des âmes. L'Esprit de Dieu convainc les pécheurs de la vérité et les place dans les bras de l'Église. Les pasteurs peuvent faire leur part, mais ils ne peuvent en aucun cas accomplir le travail incombant à l'Église."[4]

Elle écrit aussi:

> "Dans toute église établie, l'intégralité des membres doit s'engager activement dans l'œuvre missionnaire. Ils doivent rendre visite aux familles du quartier et connaître leur condition spirituelle."[5]

White ajoute:

> "Le caractère réel de l'église se mesure, non pas par la haute fonction qu'elle opère, non pas par les noms inscrits sur le livre

de l'Église, mais par ce qu'elle exécute pour le Maître, par le nombre de ses ouvriers fidèles et persévérants. Doté d'un intérêt personnel et de vigilance, un effort individuel accomplira plus pour la cause du Christ que ne peuvent les sermons."[6]

Onyinah écrit sur le cycle de la Grande Commission dans Matthieu 28:19–20, décrivant les composantes critiques du cycle de formation de disciples pour chaque congrégation.[7] Le processus commence par les disciples attirant l'attention des autres sur le Christ, les baptisant (les intégrant dans l'église locale) et leur apprenant à obéir aux commandements du Christ.

White déclare: "C'est une erreur fatale de supposer que le travail de sauvetage de l'âme dépend uniquement du ministère."[8] White ajoute: "Ce qu'il faut, c'est former et éduquer. Ceux dont le travail consiste à visiter les églises doivent donner aux frères et sœurs des instructions sur les méthodes pratiques d'accomplissement du travail missionnaire."[9]

Elle écrit: "Cet effort bien planifié pour éduquer les membres de l'église ne devrait souffrir d'aucun retard."[10] White mentionne: "L'Église actuelle a besoin de Néhémie, non pas des hommes qui savent seulement prier et prêcher, mais des hommes dont les prières et les sermons sont soutenus avec un objectif ferme et ardent."[11]

White affirme que "Dieu attend de son Église qu'elle discipline et prépare ses membres à l'œuvre d'illumination du monde."[12] White dit: "La plus grande aide qui puisse être apportée à notre peuple est de lui apprendre à travailler pour Dieu et à dépendre de Lui, et non des pasteurs."[13]

Elle ajoute: "C'est par l'éducation et la pratique que les personnes peuvent être en mesure de faire face à toute urgence, et une planification judicieuse est nécessaire pour placer chacun dans sa propre sphère, afin qu'il puisse acquérir une expérience appropriée dont il pourra assumer la responsabilité."[14]

White écrit aussi: "La meilleure aide que les pasteurs peuvent apporter aux membres de nos églises n'est pas de prêcher mais de planifier un travail pour eux."[15] Elle déclare: "Le Seigneur souhaite que nous obtenions toute l'éducation possible, dans le but de transmettre nos connaissances aux autres"[16] et affirme: "Suivant l'enthousiasme et la persévérance avec lesquels le travail se poursuit, le succès sera au rendez-vous."[17]

Nous savons tous qu'il faut montrer l'exemple. Si le leader d'église n'est pas correctement formé en tant que disciple de Jésus ou ne croit pas au discipulat, il sera difficile pour l'église d'exceller dans le discipulat et de suivre les ordres de Jésus. Un fleuve ne peut pas s'élever au-dessus de sa source.

Hull écrit que la plupart des plans échouent parce que le leader n'est pas formé en tant que disciple.[18] Comment quelqu'un peut-il motiver les autres à faire des disciples s'il ne pratique pas lui-même ou elle-même les conseils qu'il ou elle préconise?

Les pasteurs et leaders des églises locales sont appelés à atteindre toutes les générations. La Grande Commission est destinée à toutes les nations. Toutes les générations sont comprises dans 'toutes les nations', il nous faut donc élaborer des plans pour atteindre toutes les générations dans nos églises locales: les baby-boomers (1946–1964), la génération X (1965–1976), la génération Y (1977–1995), la génération Z ou iGeneration (1996-

> Les pasteurs et leaders des églises locales sont appelés à atteindre toutes les générations.

2014) et la Génération Alpha (les enfants de la génération Y).

Hull prend note du chercheur George Barna, qui, après avoir étudié les cinq meilleurs modèles de discipulat, est arrivé à une conclusion sur la manière dont une église peut réussir dans cette discipline.[19] Selon lui, pour que l'église avance, elle doit recommencer à faire des disciples. Cette mission implique que:

- Le pasteur principal soit un défenseur irrépressible du discipulat.
- Les membres de l'Église participent à un processus de formation de disciples concentré et exigeant.
- Tous les ministères soient intimement liés aux résultats du discipulat.
- Le nombre de programmes soit minimisé afin que l'église puisse se concentrer le discipulat.
- Tous les enseignements de l'église soient coordonnés de manière substantielle.
- L'énoncé de mission de l'église serve d'outil pratique pour identifier les résultats du ministère.[20]

L'église doit bénéficier d'un programme de cycle de formation de disciples. Hull écrit qu'une église peut concevoir un plan destiné au discipulat en identifiant comment l'individu est en mesure de s'épanouir dans cinq domaines spécifiques: (1) la connaissance de la Bible, (2) les compétences pratiques du ministère, (3) la sensibilisation, (4) la prière et (5) la responsabilité.[21] L'église peut diriger un programme de formation en discipulat sur un cycle de six mois, divisé en six modules par an, ou un cycle d'un ou trois ans, divisé en trois ou six modules annuels.

Dans notre esprit, nous devons déjà anticiper le résultat: notre plan est d'accroître le nombre de disciples. Là encore, il est temps de suivre Jésus. Eims et Coleman expliquent que Jésus ne cherchait pas à fasciner la foule mais à construire un royaume, ce qui implique le fait qu'Il souhaitait des gens capables de gérer la foule.[22]

Bullón écrit que l'idéal de Dieu pour Son église réside en une église glorieuse, sans rides et sans défaut, à l'image d'une mariée vêtue de blanc, attendant son époux: une église authentique, sans formalités, qui ne se préoccupe pas seulement des apparences.[23]

Mais que veut dire Paul quand il se réfère à une église glorieuse? De toute évidence, elle est glorieuse, car elle reflète la gloire de Dieu.

White mentionne que "le Seigneur veut que nous tirions le meilleur parti et faisions le meilleur usage possible des talents dont Il nous a dotés."[24]

Hull soutient que faire un disciple comporte trois éléments.[25] Le premier concerne la délivrance, qui est réalisée par l'évangélisation lorsqu'une personne est convertie et baptisée. Le second implique le développement - ce que la plupart appellent le discipulat ou la croissance personnelle - dans lequel une personne est fondée sur la foi. Il est continu et permanent, essentiel pour le soin de l'âme. Le troisième élément se révèle le déploiement, lorsque le disciple est appelé à une mission et travaille au sein de sa communauté. Une église, un pasteur ou un leader d'église engagé dans la formation de disciples devrait se concentrer sur ce processus.

Hull écrit:

> Mon conseil à tous les pasteurs est simplement de réorganiser votre vie autour des pratiques de Jésus. Observez Sa vie remplie de la foule exigeante, de la haine des chefs religieux et de la morosité de Ses disciples. Comment l'a-t-il gérée? Il a prié seul et il a prié à des moments spécifiques de pression et de décision. Il a vécu une vie centrée sur les autres, une vie basée sur l'humilité et le sacrifice alimenté par l'amour.[26]

Hull soutient que la difficulté pour les pasteurs est d'être d'abord des disciples, en quête de Dieu au quotidien et pratiquant les disciplines spirituelles.[27] De ce fait, c'est de plus en plus difficile à s'y appliquer. Il ajoute: "L'Église sert à former les saints. Une fois perfectionnés, ils deviennent des disciples sains qui pénétreront chaque segment de la société par le biais des paroles et des œuvres de l'Évangile."[28]

Évangélisation ou discipulat

Hull affirme que, la tâche pastorale étant multidimensionnelle et à divers niveaux, la responsabilité du pasteur dans le discipulat est de gérer les différents niveaux de développement des autres.[29] À ce niveau, le rôle du Pateur est décisif. Nous vous encouraons a prier pour les Pasteurs et les Laders religieux. Leur mission n'est pas facile.

Babcock mentionne qu'afin d'instituer une église de formation de disciples, nous devrions accorder une attention particulière au ministère de tous les nouveaux croyants.[30] Par conséquent, dans la plupart des petits groupes, il devrait y avoir un programme destiné spécifiquement aux petits groupes encourageant un ministère individuel.

Dans ce travail de discipulat, si nous suivons la voix de Jésus, il n'y a pas d'échec possible.

White déclare: "Les ouvriers du Christ ne doivent jamais penser, encore moins parler, de l'échec dans leur travail. Le Seigneur Jésus est notre efficacité en toutes choses; Son Esprit doit être notre inspiration, et comme nous nous plaçons entre Ses mains pour être des canaux de lumière, nos moyens pour faire le bien ne seront jamais épuisés."[31]

Petrie et al. présentent au moins trois outils essentiels pour le discipulat:

1. Le test d'évaluation du discipulat de Summit Point (Styron 2004:58) suggère sept domaines clés de croissance pouvant être mesurés: la volonté de suivre et d'obéir au Christ, l'identification avec le Christ, la volonté de grandir et d'apprendre, l'abandon total, la relation continue avec le Christ, la croissance en caractère semblable au Christ et l'évangélisation, ainsi que la victoire sur le péché.

2. Le *framework* et l'outil d'évaluation en ligne "Together Growing Fruitful Disciples" (TGFD) sont le résultat d'une initiative de collaboration entre la Conférence générale des adventistes du septième jour et l'Université Andrews. Ils sont édifiés sur quatre piliers centraux: la connexion (avec Dieu, soi-même, la famille, l'Église et les autres); la compréhension (croissance spirituelle, nature de Dieu, péché et souffrance, rédemption, restauration) ; le perfectionnement (être un disciple et former les autres à être des disciples en liant la compréhension et le ministère); et le ministère (vocation personnelle, amitiés, service communautaire, intendance, évangélisation).

3. *The Christian Life Profile Assessment Tool* (Frazee 2005:6) est un kit de formation de disciples conçu pour permettre aux églises d'évaluer les croyances, les pratiques et les attitudes dans trente compétences cruciales.[32]

Évaluez le statut de discipulat de votre église

Le pasteur ou le responsable de l'église locale doit évaluer le statut du discipulat au sein de son église. Brown mentionne: "Il existe un fossé entre la position actuelle de l'Église et celle où elle est censée se trouver. L'interprétation de ce déficit est une étape cruciale qui ne peut être négligée. Si l'Église ne reconnaît pas ou n'embrasse pas la réalité du problème, la transformation ne se produira probablement pas."[33]

Wegner et Magruder écrivent que chaque croyant devrait être un disciple de Jésus qui se reproduit, et que chaque église devrait également être une église reproductrice.[34] Si nous comprenons que la reproduction est la volonté de Dieu à notre égard à tous, alors nous développerons un système en conséquence.

> Chaque croyant devrait être un disciple de Jésus qui se reproduit, et que chaque église devrait également être une église reproductrice.

White déclare: "Chaque église devrait être une école de formation pour les ouvriers chrétiens. Ses membres devraient apprendre comment donner des lectures bibliques, comment diriger et enseigner des cours de l'école du sabbat, comment aider au mieux les pauvres et prendre soin des malades, et comment travailler pour les inconvertis."[35]

> Chaque église devrait être une école de formation pour les ouvriers chrétiens.

Soyez intentionnel

Faire des disciples est une affaire sérieuse dans l'Église de Dieu. Nous devons être intentionnels à cet égard. Nous ne pouvons pas le faire par accident ou de manière circonstancielle.

Thomas explique:

> Après le baptême, le nouveau converti entre parmi les membres réguliers de l'Église, et l'enthousiasme envers le nouveau converti prend généralement fin de manière brutale. Les nouveaux membres doivent souvent naviguer seuls dans leur nouvelle vie. Le résultat en est que peu d'amis se forment au sein même de l'Église, les habitudes spirituelles vitales ne s'épanouissent pas, si bien que les retours en arrière sont courants. Malheureusement, de nombreux nouveaux membres finissent par quitter l'Église, en sortant par la porte de derrière sans préavis. Sans un processus intentionnel de discipulat, même les nouveaux membres qui continuent d'assister aux services religieux prennent souvent l'habitude complaisante de ne faire guère plus que de chauffer les bancs au fil des semaines.[36]

Hull écrit: "La première église avait la stratégie intentionnelle de faire des disciples, tel qu'il est décrit dans Actes 2:42–47. Guidés par Actes 1:8, les douze apôtres avaient prévu d'envoyer de nombreux disciples. Une congrégation reproductrice conduisit à des croyants qui reproduisaient les mêmes pratiques partout où ils se rendaient. Ils fondaient des églises en prêchant et organisaient les convertis en petits groupes." Il ajoute: "Les caractéristiques de la formation de disciples sont un ministère intentionnel, mesurable et clairement communiqué. De nombreuses forces militent contre la formation de disciples. En théorie, la formation de disciples est populaire, car elle promet un produit de qualité qui honore Dieu. Dans la pratique, cependant, cela demande du temps, du dévouement et de la patience que certains leaders religieux vivant au sein de la culture américaine trouvent difficile."[37]

Onyinah mentionne que les disciples doivent créer une amitié intentionnelle pour amener la personne à ce qu'elle désire être un disciple. Ainsi, l'amitié est essentielle dans la formation des disciples.[38]

Harrington et Patrick déclarent que la méthode utilisée par Jésus pour former les disciples était un discipulat relationnel intentionnel.[39] De nombreux leaders d'églises ne sont pas intentionnels dans la création d'un discipulat au sein de leur église. Chisholm affirme que, malheureusement, le processus de discipulat dans de nombreuses églises est informel et involontaire.[40]

> La méthode utilisée par Jésus pour former les disciples était un discipulat relationnel intentionnel.

Thomas affirme que ceux qui s'impliquent sérieusement dans l'accomplissement du commandement "Allez... et faites des disciples"[41] (Matthieu 28:19) ne peuvent penser que leur travail est terminé une fois le baptême accompli: "Les nouveaux membres doivent être intentionnellement encadrés jusqu'à ce qu'ils acquièrent de saines habitudes de prière, l'étude biblique, l'adoration de la famille et une participation régulière à l'école du sabbat, à l'église et aux réunions de prière. Ils ont besoin d'une instruction continue en vue de développer un amour et une compréhension encore plus profonds du message."

Hull écrit: "Le fondement même de l'obéissance réside dans l'effort intentionnel effectué pour définir un disciple, puis pour produire des disciples à travers les divers moyens de l'Église."[42]

Ayez une vision de la multiplication, non de l'addition

Hull affirme: "La Grande Commission sans multiplication est une évangélisation paralysée du cou aux pieds. Le discipulat permet de résoudre les crises au cœur même de l'Église. Faire des disciples crée un produit de qualité et une main-d'œuvre active" (p. 69). Il ajoute que l'un des fondements de l'obéissance est l'engagement à la multiplication. La preuve d'un tel engagement peut être observée dans la sélection de ceux démontrant des capacités de leadership pour qu'ils soient formés comme faiseurs de disciples. Il dit: "Les bons leaders savent appréhender un problème. Regardez comme Jésus a su définir le besoin de multiplication du ministère. La compassion pour les besoins non satisfaits était le principal motif (…) L'objectif de la multiplication visait à répandre l'amour et l'attention portée à Dieu sur une base plus large grâce à une main-d'œuvre plus large. La prière était le principal outil de recrutement des ouvriers pour combler la main-d'œuvre vacante."[43]

Hull déclare: "La réussite de la Grande Commission dépend de la multiplication. La formation de disciples aboutit à la reproduction; le résultat de la reproduction chez plusieurs personnes est la multiplication. Jésus a défini la Grande Commission de la manière qu'Il l'a fait parce que "faire de toutes les nations des disciples" signifie bien plus que "faire des convertis de toutes les nations." Seuls les disciples sains se reproduisent. Si l'Église ne parvient pas à faire des disciples, elle ne se multiplie pas. Si l'Église ne se multiplie pas, elle échoue,"[44]

> Si l'Église ne parvient pas à faire des disciples, elle ne se multiplie pas

Hull ajoute: "Lors de ses deux premières missions, Paul implanta plus de quinze églises. La première tournée de Paul dura deux ans et comprenait huit villes. Luc couvre la mission en quatre-vingts versets (Actes 13:1–14:28). Pour l'Église primitive, cette étape était la multiplication, et pour Antioche, il s'agissait d'une reproduction. Pour Paul et Barnabas, elle se concentrait sur un travail de formation: ils devaient " sentir " leur chemin et contextualiser de manière créative leurs principes."[45]

> Puis Il leur dit: "La moisson est grande, mais il y a peu d'ouvriers. Priez donc le maître de la moisson d'envoyer des ouvriers dans sa moisson" (Luc 10:2).

Hull parle également de prières et de multiplication: "Nous pouvons être perplexes quant à l'effet multiplicateur de l'Église. Karl Barth écrit:

"La perplexité nous vient simplement parce que nous sommes des pasteurs. "Jésus a exprimé une solution simple: priez pour que les ouvriers entrent dans la moisson."[46]

White affirme: "Si nous nous humilions devant Dieu, et que nous nous montrons gentils et courtois, tendres et pitoyables, il y aurait cent conversions à la vérité là où à présent il n'y en a qu'une."[47]

Établissez un système de discipulat pour l'église

En ce XXIe siècle, partout où nous allons, un système soutenant la croissance de toute organisation peut être observé. Pourquoi manque-t-il un système de discipulat au sein des églises? Lynn affirme que sans système, un discipulat ne pourra s'établir avec succès au sein d'aucune église.[48]

> En ce XXIe siècle, partout où nous allons, un système soutenant la croissance de toute organisation peut être observé.

Sur cette question, Seifert signale un problème de gestion dans nos églises. Le problème, dit-elle, est que les systèmes d'églises n'ont pas permis aux disciples de Jésus de se reproduire et de se multiplier. Elle ajoute que si les églises peuvent exceller dans les programmes et les ministères, ces programmes et ministères ne font pas pour autant des disciples de Jésus-Christ.[49]

Hull mentionne que "faire des disciples implique de gérer un système dans lequel l'enseignement, la formation, l'évangélisation et le soin pastoral ont lieu. Cela implique également un travail multidimensionnel de la part de l'équipe de direction dans leurs différentes manières d'encadrer la congrégation."[50]

Or si nous avions un système en place qui permettait aux nouveaux convertis de devenir des disciples, nous verrions la différence. Ils grandiraient. White dit: "Les chrétiens qui grandissent constamment avec sérieux, zèle, ferveur, amour, ces chrétiens-là ne reculent jamais."[51]

Hull affirme:

> L'église a la responsabilité de fournir une vision claire et des moyens qui amènent les chrétiens à devenir des disciples matures.

L'église a la responsabilité de fournir une vision claire et des moyens qui amènent les chrétiens à devenir des disciples matures. La croissance et la responsabilité doivent faire partie de la vie de chaque chrétien tout au long de son existence. La clé pour le travail du disciplat de l'église réside dans le travail d'équipe au sein d'un environnement aimant qui maintient les particularités de la mission, la formation aux compétences du ministère et la responsabilité. La véritable preuve du succès s'observera dans la production constante de disciples et de leaders reproducteurs qui deviendront des multiplicateurs.[52]

Développez une stratégie de discipulat pour les membres

Dans Éphésiens 4, le Saint-Esprit parle de la manière de perfectionner les saints et de la nécessité de le faire:

> Et Il a donné les uns comme apôtres, les autres comme prophètes, les autres comme évangélistes, les autres comme pasteurs et enseignants, pour le perfectionnement des saints

en vue de l'œuvre du ministère et de l'édification du corps du Christ, jusqu'à ce que nous soyons tous parvenus à l'unité de la foi et de la connaissance du Fils de Dieu, à l'état d'homme fait, à la mesure de la stature parfaite du Christ, afin que nous ne soyons plus des enfants, flottants et emportés à tout vent de doctrine, par la tromperie des hommes, par leur ruse dans les moyens de séduction, mais que, professant la vérité dans la charité, nous croissions à tous égards en Celui qui est le chef, Christ. C'est de Lui, et grâce à tous les liens de Son assistance, que tout le corps, bien coordonné et formant un solide assemblage, tire son accroissement selon la force qui convient à chacune de ses parties, et s'édifie lui-même dans la charité (Éphésiens 4:11–16).

Bullón déclare que Dieu a distribué des dons à ses enfants "pour le perfectionnement des saints en vue de l'œuvre du ministère et de l'édification du corps du Christ" (Éphésiens 4:12). Il ajoute que "le témoignage personnel n'est pas un don mais un besoin spirituel, tel que la prière ou l'étude quotidienne de la Bible."[53]

> Le témoignage personnel n'est pas un don mais un besoin spirituel, tel que la prière ou l'étude quotidienne de la Bible.

Hull et Harrington écrivent:

Les leaders doués sont responsables de perfectionner les autres pour le travail missionnaire. Les leaders doués mentionnés dans le texte sont les apôtres, les prophètes, les évangélistes, les pasteurs et les enseignants. Tous ces rôles sont nécessaires pour satisfaire la diversité des dons dont Dieu a pourvu son peuple. Les saints ont besoin de l'impulsion des apôtres pour avancer, du courage et de la clarté du prophète, du désir de raconter l'histoire de l'évangéliste, du soin et de l'attention du pasteur, ainsi que des principes et des connaissances de l'enseignant. 'Perfectionner' est un mot complet. Il implique aussi bien la réparation d'un filet effiloché, celle d'un os brisé que sa préparation à une compétition sportive. Nous aimons le considérer comme du 'coaching'. Des leaders doués et multidimensionnels sont nécessaires pour préparer un groupe diversifié de personnes.[54]

> Les leaders doués sont responsables de perfectionner les autres pour le travail missionnaire.

White prétend que ce ne sont pas "les capacités que l'on possède maintenant ou que l'on ne possèdera jamais qui pourvoient le succès. C'est ce que le Seigneur peut faire pour vous. On doit avoir bien moins confiance en ce que l'homme peut faire et beaucoup plus confiance en ce que Dieu peut faire pour chaque âme croyante."[55]

> le perfectionnement des saints "se poursuit jusqu'à ce que les saints, individuellement et collectivement, atteignent la norme de ressemblance à Christ.

Hull et Harrington écrivent que le perfectionnement des saints "se poursuit jusqu'à ce que les saints, individuellement et collectivement, atteignent la norme de ressemblance à Christ. La norme pour arrêter le processus de perfectionnement est: "jusqu'à ce que nous soyons tous parvenus à l'unité de la foi et de la connaissance du Fils de Dieu, à l'état d'homme fait, à la mesure de la stature parfaite du Christ" (Éphésiens 4:13).[56] Le perfectionnement des saints ne cesse jamais. Il existe toujours des questions dans la vie d'un saint qui doivent être renforcées, des péchés qui doivent être confessés et des leçons à tirer "et perfectionner les saints permet" d'aborder les problèmes d'immaturité, de désunion, d'instabilité, de tromperie, d'inactivité, de superficialité, de dépendance au désir et de manque de concentration."

Seifert cite Wheatley pour affirmer que les leaders d'aujourd'hui font face à un monde où le changement constant est la norme.[57] Toutes les organisations ont besoin de gestion et de leadership, mais le leadership est particulièrement nécessaire dans la résolution des problèmes pour lesquels il n'existe pas de réponses faciles.[58] Les pasteurs et les leaders d'églises sont appelés à instaurer et gérer une culture de changement. Ils doivent constamment former les membres pour qu'ils restent concentrés sur la mission.

Développez une stratégie de discipulat pour les leaders

Pour exécuter le travail du discipulat, vous avez besoin d'une équipe. Pour un programme de discipulat efficace, nous avons besoin de leaders qui comprennent et pratiquent le discipulat.

Vous ne pouvez pas préparer un véritable leader, faiseur de disciples sans l'amener d'abord à Jésus. Ce n'est que dans la communion quotidienne avec le Christ que le caractère de Jésus peut être reproduit dans la personne. Les leaders eux-mêmes ne perçoivent pas qu'ils sont humbles, mais ceux qui se rapportent à eux remarquent que leur vie reflète le caractère du Maître. Paul a écrit:

> Ayez en vous les sentiments qui étaient en Jésus Christ, Lequel, existant sous la forme de Dieu, n'a point regardé comme une proie à arracher d'être égal avec Dieu, mais s'est

dépouillé Lui-même, en prenant une forme de serviteur, en devenant semblable aux hommes; et ayant paru comme un simple homme, Il s'est humilié Lui-même, se rendant obéissant jusqu'à la mort, même jusqu'à la mort de la croix. C'est pourquoi, Dieu aussi l'a souverainement élevé, et Lui a donné le nom qui est au-dessus de tout nom, afin qu'au nom de Jésus tout genou fléchisse dans les cieux, sur la terre et sous la terre, et que toute langue confesse que Jésus Christ est Seigneur, à la gloire de Dieu le Père (Philippiens 2:5–11).

> Nous multiplions les disciples en leur apprenant à marcher sur un chemin croissant d'obéissance. Nous développons et multiplions les leaders en leur apprenant à marcher sur un chemin croissant de service.

Murrell et Murrell déclarent: "Nous multiplions les disciples en leur apprenant à marcher sur un chemin croissant d'obéissance. Nous développons et multiplions les leaders en leur apprenant à marcher sur un chemin croissant de service. Les deux sont étroitement liés. Ils ajoutent qu'une église saine suit l'exemple de Jésus. Comme un train, il circule sur deux rails: l'un est le disciplulat ; l'autre développe et multiplie les leaders. Négligez l'un ou l'autre et le train se renversera."[59]

Kaplan et Norton écrivent que les organisations de ressources humaines modernes sont censées guider le développement des leaders et contribuer à façonner la culture de l'organisation.[60] Bien qu'il soit difficile à quantifier, un bon leadership et une culture de soutien sont les catalyseurs essentiels d'une exécution réussie de la stratégie.

Hull mentionne: "Le leadership doit définir le *disciple*, développer une méthode pour faire des disciples et modeler devant la congrégation ce qu'est un disciple et comment en faire un."[61]

Murrell et Murrell soutiennent que le leadership est censé être pluriel. Si vous êtes appelé à diriger, vous êtes appelé à constituer une équipe pour diriger à l'unisson.[62] Ils écrivent que personne n'est appelé à errer, en essayant d'accomplir seul la volonté de Dieu. Voici quelques excellents exemples de conduite commune dans la Bible, selon Murrell et Murrell:

> **Moïse.** Moïse était un grand leader (peut-être le plus grand leader de l'Ancien Testament), mais il savait qu'il ne pouvait pas diriger seul. Il s'est constitué une équipe qui comprenait son frère et porte-parole, Aaron. L'équipe de Moïse comptait également un homme nommé Hur et un jeune guerrier intrépide nommé Joshua. Moïse était un grand leader, notamment grâce à l'excellente équipe qui l'accompagnait. En tant que chef d'équipe, Moïse assumait la responsabilité lorsque les choses tournaient mal et partageait l'honneur quand les choses se passaient bien. Après une victoire historique sur les Amalécites, Moïse résuma la bataille avec ces mots: " Et Josué vainquit Amalek et son peuple, au tranchant de l'épée. (Voir Exode 17:8–13.) Moïse se sentait suffisamment en confiance pour rendre hommage à la victoire d'un jeune dirigeant de la prochaine génération. Vous sentez-vous suffisamment en confiance pour rendre hommage aux jeunes leaders? Les leaders confiants accordent le mérite à qui de droit. Les leaders peu confiants s'octroient le mérite.
>
> **David.** David était le plus grand roi d'Israël de tous les temps, mais, à l'instar de Moïse, il n'a jamais conduit seul. Il avait ses "hommes puissants", qui étaient en mesure de tirer une flèche et lancer une pierre aussi bien de la main droite que de la

gauche. L'équipe de David était dirigée par un comité exécutif de trois personnes, présidé par Jashobeam le Hachmonite. Relisez ce nom, très lentement. Jashobeam le Hachmonite, alias 'The Beam' ('le rayon'). Si ce n'est pas le nom d'un leader! Dans une bataille célèbre, The Beam tua à lui tout seul 300 guerriers ennemis avec sa lance. Si je devais me rendre à la guerre, je pense que je voudrais quelqu'un comme Jashobeam le Hachmonite à mes côtés. David était un grand chef parce qu'il savait s'entourer de grands hommes.

Daniel. L'équipe de Daniel comprenait ses meilleurs amis, Ananias, Misaël et Azarias (alias Shadrach, Meshach et Abednego). Daniel savait qu'il avait besoin d'une équipe pour réussir à surmonter les tentations de Babylone. Au final, lui et ses amis ont non seulement enduré la tentation ensemble, mais ont été reconnus par leurs leaders et pairs comme dix fois meilleurs que tous les autres jeunes hommes de Babylone. Ils espéraient qu'ils seraient "mieux ensemble" et ils l'ont été. (Voir Daniel 1:11–20.)

Jésus. Même Jésus a refusé d'exécuter le ministère seul. Il comptait sur Ses Douze, en plus d'une équipe élargie de soixante-dix. Si quelqu'un avait pu le faire seul, ç'aurait été Jésus, mais Il a passé trois ans à constituer une équipe.

Le leadership est censé être pluriel. Si vous êtes appelé à diriger, vous êtes appelé à constituer une équipe afin de pouvoir diriger à l'unisson. C'est une bonne chose, car nous sommes toujours mieux ensemble.[63]

> La plupart des églises perdent leur force et meurent lorsqu'elles cessent de produire de nouveaux leaders. Le développement d'une communauté de leadership en croissance constante assure l'avenir de l'Église.

Hull affirme: "La plupart des églises perdent leur force et meurent lorsqu'elles cessent de produire de nouveaux leaders. Le développement d'une communauté de leadership en croissance constante assure l'avenir de l'Église. Même si un pasteur est en mesure de faire des disciples par la voie de la prédication, s'il ne parvient pas à former un groupe de leadership, il est destiné à échouer. Afin de mettre en œuvre et communiquer à grande échelle la manière de faire des disciples à la population de l'église, il doit aussi développer des leaders. Sans cela, la reproduction n'existera pas et la multiplication ne pourra se produire."[64]

Murrell et Murrell écrivent: "S'il est vital pour les leaders de grandir continuellement dans leur vocation, leur compassion pour les gens et leurs compétences en communication, l'aspect le plus important et fondamental de la croissance en tant que leader est de grandir en caractère. Si notre caractère grandit, tout ce qui est nécessaire pour un leadership efficace grandira en conséquence."[65]

Babcock écrit qu'à moins que les leaders actuels ne perfectionnent les autres, il y aura toujours une pénurie de leaders.[66] Le leadership dans le discipulat est la clé de la croissance.

Élaborez une stratégie de discipulat pour les enfants et les jeunes

Hawkins, Kinnaman et Matlock écrivent sur l'influence des médias numériques[67]. Les jeunes de notre temps sont la première génération d'humains qui ne peuvent compter sur la sagesse acquise des générations passées pour les aider à vivre avec ces développements technologiques rapides. Plutôt que de se tourner vers des adultes plus âgés et des traditions, de nombreux jeunes préfèrent se tourner vers des amis et des algorithmes.

White écrit: "Nous avons aujourd'hui une armée de jeunes qui pourrait faire énormément s'ils étaient correctement dirigés et encouragés."[68] White ajoute: "Tout jeune qui suit l'exemple de fidélité et d'obéissance du Christ dans Son humble foyer pourrait réclamer ces paroles que le Père a prononcées à son sujet par le Saint Esprit: " Voici mon serviteur que je soutiendrai, Mon élu, en qui mon âme prend plaisir! (Ésaïe 42:1)."[69]

White dit: "Les parents doivent enseigner à leurs enfants la valeur et la bonne utilisation du temps. Apprenez-leur que faire une chose qui honorera Dieu et bénira l'humanité en vaut la peine. Même dans leurs premières années, ils peuvent être missionnaires pour Dieu."[70] Elle affirme: "Le foyer est la première école de l'enfant, et c'est ici que les fondations doivent être posées pour une vie de service."[71]

Lynn écrit que la cellule familiale se détériore à un rythme effréné, plus que par le passé.[72] De nombreux jeunes se détournent de l'Église une fois leurs études secondaires terminées. Les recherches indiquent que cela est dû au fait que les enfants ne voient pas une vie chrétienne authentique se manifester chez leurs parents. Ils jugent leurs parents hypocrites et en concluent que le christianisme 'ne fonctionne pas'. Lynn mentionne que la statistique qui montre "l'âge du point de non-retour" de quelqu'un venant à Christ, qui, par le passé, était de dix-huit ans, s'est à présent réduit à dix ans.[73] Les parents doivent être les principaux équipiers spirituels de leurs enfants. Ils doivent être perfectionnés pour savoir comment y parvenir.

Brosius mentionne que dans son livre, *The Last Christian Generation*, McDowell déclare que "85% des enfants issus de familles chrétiennes n'ont pas une vision biblique du monde. La plupart d'entre eux quittent l'Église entre dix-huit et vingt-quatre ans."[74] Harrington et Putman affirment: "Moins d'une personne sur cinq, se prétendant chrétiens "régénérés" (born again), a une vision du monde qui comprend une poignée de croyances bibliques fondamentales."[75]

Harrington et Putmancitent Kinnaman pour dire: "La plupart des chrétiens mourront sans jamais partager leur foi avec quelqu'un, et de soixante à quatre-vingts pour cent des jeunes quitteront l'Église dans la vingtaine."[76]

Cox et Peck soutiennent que cette question de discipulat est particulièrement cruciale pour les enfants en raison, au moins, des trois points suivants (voir Matthieu 18:3, 19:140)[77]:

1. Le texte de la Bible et la réceptivité éducative des humains révèlent que les apprenants sont les plus impressionnables et les plus ouverts à l'enseignement dans les premières années de leur vie (cf. Lc 1:41–44; Moll 2014; Tough 2012; Vemy 1981; 2 Tim. 3:15).

2. Dans une perspective historique biblique et juive, les enfants étaient préparés à l'avance pour l'adolescence et le passage à l'âge adulte (cf. Barclay 1959; Lc 2:42–44; Ésaïe 7:15).

3. La probabilité de devenir chrétien est plus élevée lors des années d'âge scolaire, et diminue considérablement par la suite (Bama 2017; Culbertson 2015).

Développez une stratégie de discipulat pour les nouveaux membres

Brown dit qu'un ministère spécifique - qui devrait être la pierre angulaire du discipulat - est une nouvelle classe dédiée aux nouveaux membres.[78] Cette formation est indispensable à l'église et vitale pour la maturation spirituelle des nouveaux croyants. La recherche a démontré que les nouvelles classes dédiées aux membres sont l'étape idéale pour communiquer la vision de l'Église et les attentes des fidèles.

Moore écrit: "L'évangélisation est le moyen de faire des convertis et le terrain d'entraînement pour le développement de disciples. Lorsque l'église exhale des disciples, elle inhale des convertis; ainsi, l'église grandit. Le discipulat est le moyen le plus rapide de multiplier les leaders accélérant à la fois l'évangélisation et la formation de disciples."[79] Babcock affirme: "Le discipulat implique de gagner, de constituer et de perfectionner de nouveaux croyants jusqu'à ce qu'ils deviennent des reproducteurs spirituels."[80]

> Le discipulat est le moyen le plus rapide de multiplier les leaders.

Green écrit que les disciples ont également pratiqué ce deuxième bras capable de faire des disciples. Après la conversion de trois mille personnes à la Pentecôte, les disciples ont engagé de nouveaux convertis en leur enseignant: "Ils persévéraient dans l'enseignement des apôtres, dans la communion fraternelle, dans la fraction du pain, et dans les prières " (Actes 2:42). Ainsi, faire des disciples est un processus en deux étapes. Celui-ci comprend l'évangélisation des personnes de manière à ce qu'elles expriment leur foi en Jésus-Christ ainsi que l'enseignement leur permettant d'apprendre comment devenir semblable à Christ.

> les nouvelles implantations d'églises ont le plus de succès lorsque le pasteur s'appuie fermement sur des principes similaires à ceux de Paul et Barnabas.

Hull déclare que c'est la raison pour laquelle les nouvelles implantations d'églises ont le plus de succès lorsque le pasteur s'appuie fermement sur des principes similaires à ceux de Paul et Barnabas, qu'il construit l'église sur l'évangélisation, développe les nouveaux convertis en disciples matures de Jésus et sélectionne des leaders parmi les nouveaux chrétiens les plus prometteurs.[81]

Planifiez l'alignement

L'alignement est un élément de la planification stratégique, et nous trouvons ce principe dans la Bible. Dans l'effort effectué en vue de devenir disciple, s'il n'existe pas d'alignement dans nos plans, le chemin risque d'être chaotique. Paul a dit: "Seulement, au point où nous sommes parvenus, marchons d'un même pas, soyons d'un même esprit." (Philippiens 3:16). Dans Romains 16:17, il écrit: "Je vous exhorte, frères, à prendre garde à ceux qui causent des divisions et des scandales, au préjudice de l'enseignement que vous avez reçu. Éloignez-vous d'eux".

Paul a également dit dans 1 Corinthiens 1:10: "Je vous exhorte, frères, au nom de notre Seigneur Jésus-Christ, à tenir tous un même langage, et à ne point avoir de division parmi vous, mais à être parfaitement unis dans un même esprit et dans un même sentiment."

White écrit: "Les anges travaillent harmonieusement. L'ordre parfait caractérise tous leurs mouvements. Plus nous imitons de près l'harmonie et l'ordre de l'armée angélique, plus les efforts des agents célestes en notre nom seront couronnés de succès."[82] Elle ajoute: "Ô combien Satan se réjouirait s'il parvenait au gré de ses efforts à infiltrer ce peuple et à désorganiser le travail à un moment où l'organisation est essentielle et en cours de devenir une puissance force capable de prévenir les soulèvements fallacieux et réfuter les affirmations non approuvées par la Parole de Dieu!"[83]

Hull affirme: "Satan utilise de nombreux moyens subversifs et insidieux pour diviser l'Église."[84]

Kaplan et Norton écrivent que l'objectif principal du développement des ressources humaines "est d'assurer leur alignement avec la stratégie de l'entreprise. Les leaders doivent comprendre la stratégie vers laquelle ils mobilisent leur organisation et doivent créer les valeurs soutenant cette stratégie. La proposition de valeur d'entreprise ici est d'assurer l'alignement du leadership et de la culture avec la stratégie."[85]

Ils ajoutent: "La stratégie est formulée en haut, mais elle doit être exécutée en bas - par les opérateurs de machines, les représentants des centres d'appels, les chauffeurs de camion de livraison, les directeurs des ventes et les ingénieurs. Si les employés ne comprennent pas la stratégie ou ne sont pas motivés à la mettre en œuvre, la stratégie de l'entreprise est vouée à l'échec. L'alignement du capital humain est atteint lorsque les objectifs, la formation et les incitations des employés s'alignent sur la stratégie d'entreprise."[86]

Kaplan et Norton mentionnent également que "la stratégie est explicitement identifiée comme le point central du système de gestion" tandis que "l'alignement est identifié comme une partie explicite du processus de gestion. La mise en œuvre de la stratégie nécessite le plus haut niveau d'intégration et de travail d'équipe parmi les unités organisationnelles et les processus. Sans un leadership exécutif solide, un changement constructif n'est pas possible."[87]

Ils mentionnent en outre que "lorsque personne n'est tenu responsable de l'alignement général de l'organisation, l'occasion de générer de la valeur par la synergie peut être manquée. Communiquez et éduquez pour créer une motivation intrinsèque"[88]. Ils donnent cinq principes clés pour aligner les systèmes de mesure et de gestion d'une organisation en vue d'élaborer des stratégies:

1. Mobiliser le changement grâce à un leadership exécutif.
2. Traduire la stratégie en termes opérationnels.
3. Aligner l'organisation sur la stratégie.
4. Motiver à faire de la stratégie le travail de chacun.
5. Gouverner pour faire de la stratégie un processus continu.[89]

L'alignement n'est pas un événement ponctuel; c'est un processus. White déclare: "Le secret de notre succès dans l'œuvre de Dieu se trouve dans le travail harmonieux de notre peuple."[90] Si nous voulons que nos membres deviennent des disciples de Jésus, une stratégie est nécessaire. Je loue le Seigneur parce que nous avons déjà la stratégie de la Grande Commission dans Matthieu 28:18-20. En mettant en œuvre la stratégie du discipulat, vous découvrirez la joie de faire des disciples.

Application personnelle

Je dois faire les choses différemment de manière à maintenir le feu du discipulat vivant dans ma vie personnelle et dans la vie de mon église. Je dois développer de nouvelles habitudes pour être fidèle à l'appel de Dieu.

Prières suggérées

1. Jésus, aide-moi à conserver l'alignement de Ton église pour me former en tant que disciple.
2. Jésus, laisse-moi Te servir non pas par tradition mais selon Ta volonté, clairement révélée à moi.
3. Jésus, aide-moi à conserver l'unité de Ton église pour faire des disciples.
4. Ô Dieu! Par Ta grâce, j'aimerais changer les choses en tant que disciple de Jésus.

Notes

[1] Dave Cole et Jon Wren, *Re-focus: Creating an outward-focused church culture* (Outward-Focused Network, 2018).

[2] Alejandro Bullón, *Total member involvement: A call to serve* (Silver Spring: Review & Herald Publishing Association, 2017), 23.

[3] Ellen G. White, *Gospel Workers* (Hagerstown: Review and Herald Publishing Association, 1915), 196.

[4] Ellen G. White, *Témoignages pour l'Église*, vol. 4 (Washington: Ellen G. White Estate, Inc., 2010), 69.

[5] Ellen G. White, *Témoignages pour l'Église*, vol. 6. (Washington: Ellen G. White Estate, Inc., 2010), 296.

[6] Ellen G. White, *Service chrétien* (Washington: Ellen G. White Estate, Inc., 2010), 12.

[7] Opoku Onyinah, "The meaning of discipleship," *International Review of Mission* 106, no. 2 (2017): 216–227, https://doi.org/10.1111/irom.12181

[8] White, *Service chrétien*, 49.

[9] Ellen G. White, *Témoignages pour l'Église*, vol. 9 (Washington: Ellen G. White Estate, Inc., 2010), 117.

[10] White, *Témoignages pour l'Église*, vol. 9, 119.

[11] White, *Service chrétien*, 124-125.

[12] Ibid, 41.

[13] Ellen G. White, *Témoignages pour l'Église*, vol. 7 (Washington: Ellen G. White Estate, Inc, 2010), 19.

[14] White, *Témoignages pour l'Église*, vol. 9, 221.

[15] White, *Service chrétien*, 49.

[16] Ibid, 44.

[17] Ellen G. White, *Prophètes et rois* (Dammarie Les Lys: Editions S.D.T., 1976), 263.

[18] Bill Hull, *The disciple-making pastor—Leading others on the journey of faith* (Ada Township: Baker Books, 2007).

[19] Bill Hull, *The complete book of discipleship: On being and making followers of Christ* (Colorado Springs: NavPress, 2006).

[20] Hull, *The complete book of discipleship*, 307-308.

[21] Hull, *The disciple-making pastor*.

[22] Leroy Eims et Robert E. Coleman, *The lost art of disciple-making* (Grand Rapids: Zondervan, 2009).

[23] Bullón, *Total member involvement*.

[24] White, *Service chrétien*, 62.

[25] Hull, *The disciple-making pastor*.

[26] Ibid, 16.

[27] Hull, *The disciple-making pastor*.

[28] Ibid.

[29] Bill Hull, *The disciple-making church: Leading a body of believers on the journey of faith* (Grand Rapids: Baker Books, 2010).

[30] Eldon Babcock, "The implementation of a disciple-making process in the local church" (Thèse de doctorat non publiée, George Fox University, 2002), http://digitalcommons.georgefox.edu/dmin/180.

[31] White, *Gospel Workers*, 19.

[32] Kevin Petrie, Sherry J. Hattingh, Rick Ferret, Kayle de Waal, Lindsay Morton, et Julie-Anne Heise, "Developing a discipleship measurement tool," *Journal of Adventist Mission Studies* 12, no. 2 (2016): 86-104, http://digitalcommons.andrews.edu/jams/vol12/iss2/9

[33] Mark R. Brown, "By this they will know: Discipleship principles to transform the church" (Thèse de doctorat non publiée, Liberty University, 2012), https://digitalcommons.liberty.edu/doctoral/596/

[34] Rob Wegner et Jack Magruder, *Missional moves: 15 tectonic shifts that transform churches, communities, and the world* (Grand Rapids: Zondervan, 2012).

[35] White, *Service chrétien*, 42.

[36] Helene Thomas, ed., *Mentor's guide: A companion resource to the Discipleship Handbook* (Michigan: Training Center Church, 2015).

[37] Hull, *The disciple-making church.*

[38] Opoku Onyinah, "The meaning of discipleship," *International Review of Mission* 106, no. 2 (2017): 216–227, https://doi.org/10.1111/irom.12181

[39] Bobby Harrington et Josh R. Patrick, *The disciple maker's handbook: Seven elements of a discipleship lifestyle* (Grand Rapids: Zondervan, 2017).

[40] David Chisholm, "Formulating a covenant of discipleship for the membership of the Gwinnett Church of Christ" (Thèse de doctorat non publiée, Abilene Christian University, 2016), https://digitalcommons.acu.edu/dmin_theses/25/

[41] Helene, ed., *Mentor's guide.*

[42] Hull, *The disciple-making pastor*, 71.

[43] Ibid, 180.

[44] Ibid, 168.

[45] Ibid, 111.

[46] Ibid, 179.

[47] White, *Témoignages pour l'Église*, vol. 9, 189.

[48] Jeffrey Lynn, "Making disciples of Jesus Christ: Investigating, identifying, and implementing an effective discipleship system" (Thèse de doctorat non publiée, Liberty University, 2014), https://digitalcommons.liberty.edu/doctoral/878

[49] Vanessa M. Seifert, "Discipleship as a catalyst for personal transformation in the Christian faith" (Thèse de doctorat non publiée, University of the Incarnate Word, 2013), 48, https://athenaeum.uiw.edu/uiw_etds/45

[50] Hull, *The disciple-making church*, 40.

[51] White, *Service chrétien*, 76.

[52] Hull, *The disciple-making church*.

[53] Bullón, *Total member involvement*, 22.

[54] Bill Hull et Bobby Harrington, *Evangelism or discipleship: Can they effectively work together?* (Exponential, 2014).

[55] White, *Service chrétien*, 186.

[56] Hull et Harrington, *Evangelism or discipleship*.

[57] Seifert, "Discipleship as a catalyst," 1.

[58] Ibid.

[59] Steve Murrell et William Murrell, *The multiplication challenge: A strategy to solve your leadership shortage* (Lake Mary: Creation House, 2016).

[60] Robert S. Kaplan et David P. Norton, *Alignment: Using the balanced scorecard to create corporate synergies* (Boston: Harvard Business School Publishing Corporation, 2006).

[61] Hull, *The disciple-making church*.

[62] Murrell et Murrell, *The multiplication challenge*.

[63] Murrell et Murrell, *The multiplication challenge*, 26-27.

[64] Hull, *The disciple-making church*, 45.

[65] Murrell et Murrell, *The multiplication challenge*, 26-27.

[66] Babcock, "The implementation of a disciple-making process."

[67] Aly Hawkins, David Kinnaman, et Mark Matlock, *Faith for exiles: 5 ways for a new generation to follow Jesus in Digital Babylon* (Grand Rapids: Baker Books, 2019).

[68] White, *Service chrétien*, 21.

[69] White, *The Desire of Ages*, 31.

[70] White, *Service chrétien*, 31.

[71] Ibid, 206.

[72] Lynn, "Making disciples of Jesus Christ."

[73] Ibid.

[74] Kevin M. Brosius, "Culture and the church's discipleship strategy," *Journal of Ministry & Theology* 21, no. 1 (2017): 123–157, https://www.clarkssummitu.edu/wp-content/uploads/2018/06/Brosius%E2%80%93Culture-and-the-Church.pdf

[75] Bobby Harrington et Jim Putman, *DiscipleShift: Five steps that help your church to make disciples who make disciples* (Grand Rapids: Zondervan, 2013), 21.

[76] Harrington et Putman, *DiscipleShift*, 20.

[77] William F. Jr. Cox et Robert A. Peck, "Christian education as discipleship formation," *Christian Education Journal* 15, no. 2 (2018): 243–261, https://doi.org/10.1177/0739891318778859

[78] Brown, "By this they will know."

[79] Waylon B. Moore, *The multiplier: Making disciple makers* (New York: Christ Disciples Ministries, 2013).

[80] Babcock, "The implementation of a disciple-making process."

[81] Hull, *The disciple-making church*.

[82] White, *Service chrétien*, 54.

[83] Ibid, 55.

[84] Hull, *The disciple-making church*, 116.

[85] Kaplan et Norton, *Alignment*.

[86] Ibid.

[87] Ibid.

[88] Ibid.

[89] Ibid.

[90] White, *Service chrétien*, 54.

PARTIE III

QUE FAIT UN DISCIPLE?

CHAPITRE 6

———◆◆◆———

CHOISI POUR FAIRE DES DISCIPLES POUR LE CHRIST

"Tous ceux qui sont appelés au salut sont appelés au discipulat, sans exceptions ni excuses!"
—Bill Hull

L'une des églises pour lesquelles je travaille a connu un moment de joie exceptionnel. Une sœur de l'église priait depuis longtemps pour la conversion de son mari. C'était le rêve de sa vie. Un sabbat, le mari vint et prit la décision de suivre Jésus, et quelques semaines plus tard, il fut baptisé. J'étais étonné de voir à quel point tous les membres de l'église étaient ravis d'être témoin de cet événement. J'ai compris, une fois de plus, qu'il y a effectivement de la joie à faire des disciples. Je crois que chaque croyant peut témoigner de la joie en voyant quelqu'un décider de suivre Jésus. Chaque croyant est choisi par Jésus non seulement pour être un disciple, mais aussi pour faire des disciples.

Hull mentionne que le discipulat n'est pas seulement un processus, mais un style de vie.[1] Ce n'est pas un aspect temporaire; il reste permanent tout au long de notre vie. Le discipulat n'est pas réservé aux nouveaux convertis. C'est un appel quotidien pour tous les chrétiens au cours de leur vie. Le discipulat n'est pas seulement un programme de l'église. C'est ce que fait l'église. Ce n'est pas seulement un aspect du progrès du royaume de Dieu. La présence de disciples sérieux est le témoignage le plus significatif de l'activité de Dieu sur Terre.

White écrit: "Dans Sa sagesse, le Seigneur amène ceux qui recherchent la vérité en contact avec leurs semblables qui connaissent la vérité."[2]

Un appel pour chaque disciple de Jésus

White écrit:

> L'appel à tout donner à l'autel du service vient à chacun. On ne nous demande pas tous de servir comme Élisée, ni de vendre tout ce que nous avons, mais Dieu nous demande de donner à Son service la plus haute priorité dans nos vies, de ne laisser passer aucun jour sans faire quelque chose qui permet d'avancer Son œuvre sur la Terre. Il n'attend pas le même genre de service de tous. On peut être appelé au ministère dans un pays étranger; il peut être demandé à d'autres de se consacrer entièrement au soutien de l'œuvre de l'Évangile. Dieu accepte l'offrande de chacun. C'est la consécration de la vie et de tous ses intérêts qui sont jugés nécessaires. Ceux qui respectent cette consécration entendront et obéiront à l'appel du ciel.[3]

> Tout vrai disciple est né dans le royaume de Dieu en tant que missionnaire.

White ajoute: "Dieu veut que nous fassions le meilleur et le plus grand usage possible des talents qu'Il nous a donnés."[4]

White écrit: "Tout vrai disciple est né dans le royaume de Dieu en tant que missionnaire. Celui qui boit de l'eau vive devient une fontaine de vie. Le receveur devient un donneur."[5] Elle affirme: "Dieu attend un service personnel de tous ceux à qui Il a confié une connaissance de la vérité pour cette époque, et sauver les âmes devrait être l'œuvre de toute personne qui professe le Christ."[6]

Elle écrit: "Chacun de nous a une mission d'une importance cruciale qu'il ne peut ni négliger ni ignorer, car l'accomplissement de celle-ci implique le bien-être d'une âme et la négligence de celle-ci le malheur de celui pour qui le Christ est mort."[7]

Nous ne pouvons pas laisser le soin de nos tâches à quelqu'un d'autre. White écrit: "Votre devoir ne peut être transféré à un autre. Personne d'autre que vous ne peut exécuter votre travail. Si vous retenez votre lumière, quelqu'un sera laissé dans les ténèbres à cause de votre négligence."[8] Elle dit: "Dieu exige que chaque âme qui connaît la vérité cherche à inciter les autres à aimer celle-ci."[9] Elle ajoute: "Si vous êtes véritablement consacré, Dieu, par votre intermédiaire, fera entrer dans la vérité d'autres personnes qu'Il peut utiliser comme canaux pour transmettre la lumière à beaucoup de ceux qui tâtonnent dans les ténèbres."[10]

Harrington et Patrick déclarent que la Grande Commission ne pouvait pas se dérouler tel que le souhaitait Jésus tant que les chrétiens de tous les jours ne participaient pas activement dans le travaild à faire des disciples.[11]

Bullón propose des moyens pratiques de s'impliquer personnellement dans la formation de disciples.[12] Choisissez cinq personnes que vous aimeriez amener à Jésus. La conversion est l'œuvre du Saint-Esprit. Par conséquent, priez, priez et priez. Allez là où les gens se rassemblent. Apprenez à aimer les autres et à ressentir de la compassion pour eux. Il ajoute que la mission que Dieu a confiée à son Église n'est pas seulement une mission collective, mais inclut la participation de chaque croyant. Jésus savait qu'afin que son Église soit en mesure d'accomplir la tâche, elle avait besoin de la participation de bien plus qu'une poignée de membres. Tout plan d'évangélisation qui permet au croyant d'être un simple témoin n'est pas Son plan. "Ce n'est pas de cette manière que Dieu travaille."[13]

Hull écrit: "Chaque disciple est appelé à faire des disciples. "Il ajoute que "l'engagement d'être et de faire des disciples doit être l'acte central de chaque disciple et de chaque église."[14]

White fait cette déclaration solennelle:

> Nous ne pourrons jamais être sauvés dans l'indolence et l'inactivité. Aucune personne véritablement convertie ne mène une vie impuissante et inutile. Il serait alors impossible de parvenir au ciel. Aucun paresseux ne peut y entrer. Ceux qui refusent de collaborer avec Dieu sur Terre ne

Nous ne pourrons jamais être sauvés dans l'indolence et l'inactivité.

collaboreront pas avec Lui au ciel. Il ne serait pas prudent de les conduire au ciel.[15]

Une façon de grandir spirituellement

Le disciple est appelé à grandir au-delà de ses attentes. Jésus donne le plein pouvoir à chaque vrai disciple. Luc 9:1–2 nous dit: "Jésus, ayant assemblé ses douze disciples, leur donna force et pouvoir sur tous les démons, avec la puissance de guérir les maladies. Il les envoya prêcher le royaume de Dieu, et guérir les malades." C'est réel: le disciple de Jésus a le pouvoir et l'autorité sur tous les démons.

White écrit: "Il n'y a pas de limite à l'utilité de celui qui, en se mettant de côté, fait place à l'action du Saint-Esprit sur son cœur et mène une vie entièrement consacrée à Dieu."[16] White ajoute: "Le manque de vraie dignité et de raffinement chrétiens dans les rangs des observateurs du sabbat va à notre encontre - en tant qu'êtres humains- et rend la vérité que nous professons peu recommandable. Le travail d'éducation de l'esprit et des manières doit être mené à la perfection. Si ceux qui professent la vérité n'améliorent pas dès maintenant leurs privilèges et leurs opportunités de grandir jusqu'à la pleine stature d'hommes et de femmes en Jésus-Christ, ils ne seront aucun honneur à la cause de la vérité, aucun honneur au Christ."[17]

White déclare: "Le Seigneur désire que nous utilisions chaque don que nous possédons, et en s'y appliquant, d'autres dons plus importants nous seront pourvus. Il ne nous donne pas surnaturellement les qualifications qui nous manquent, mais tandis que nous utilisons ce que nous avons, Il travaillera à nos côtés pour accroître et renforcer chaque faculté. Par chaque sacrifice sincère et inconditionnel pour le service du Maître, nos pouvoirs se développeront."[18]

White déclare: "La seule façon de grandir en grâce est d'exécuter avec intérêt l'œuvre même que le Christ nous a enjoint d'exécuter."[19] White dit: "C'est le privilège de chaque âme de progresser. Ceux qui sont liés au Christ grandiront dans la grâce et dans la connaissance du Fils de Dieu, jusqu'à la pleine stature des hommes et des femmes. Si tous ceux qui prétendent croire en la vérité avaient tiré meilleur parti de leurs capacités et de leurs opportunités d'apprendre et de faire, ils seraient devenus forts en Christ. Quelle que soit leur profession – qu'ils soient fermiers, mécaniciens, enseignants ou pasteurs – s'ils s'étaient entièrement consacrés à Dieu, ils seraient devenus des ouvriers efficaces pour le Maître céleste."[20]

White déclare: "L'affection peut être aussi claire que du cristal et belle dans sa pureté, mais elle peut aussi être superficielle parce qu'elle n'a pas été testée. Faites du Christ le premier, le dernier et le meilleur en tout. Contemplez-Le constamment, et votre amour pour Lui deviendra chaque jour plus profond et plus fort à mesure qu'il est soumis au test du jugement. Et à mesure que votre amour pour Lui grandit, votre amour l'un pour l'autre sera plus fort et plus profond."[21]

White ajoute: "Notre croissance dans la grâce et la joie et notre utilité dépendent toutes de notre unité avec le Christ. Nous grandissons dans la grâce en passant du temps avec Lui, jour après jour, heure après heure. Il ne se contente pas de former notre foi, Il la rend parfaite."[22]

White déclare:

Dieu aurait pu atteindre Son objectif de sauver les pécheurs sans notre aide, mais pour que nous développions un caractère semblable à celui du Christ, nous devons participer à Son œuvre. Pour entrer dans Sa joie - la joie de voir des âmes rachetées par Son sacrifice - nous devons participer à Ses œuvres pour leur rédemption.[23]

White dit: "Ceux qui ne font rien pour la cause de Dieu échoueront à grandir dans la grâce et dans la connaissance de la vérité."[24]

> Travailler pour Dieu n'est pas sans difficultés, mais Dieu prend des dispositions pour vous donner la victoire à chaque tournant et détour du combat.

Un travail non sans difficultés

Travailler pour Dieu n'est pas sans difficultés, mais Dieu prend des dispositions pour vous donner la victoire à chaque tournant et détour du combat. White dit: "Satan a réuni toutes ses forces et, à chaque pas, s'est attelé à contester l'œuvre du Christ. Ce sera donc la même réalité dans le grand conflit final de la controverse entre la justice et le péché. Tandis que la nouvelle vie, la lumière et la puissance descendent d'en haut sur les disciples du Christ, une nouvelle vie surgit d'en bas et dynamise les agents de Satan."[25]

Elle ajoute: "La méditation et la prière nous empêchent de nous précipiter spontanément sur la voie du danger, nous épargnant ainsi de nombreux échecs."[26] Dans cette bataille, nous devons nous fier à la Parole et à la prière de Dieu. White mentionne que c'est par "la Parole de Dieu que le Christ a vaincu le Malin."[27]

Dans leur combat, les auteurs du Nouveau Testament ont expérimenté le pouvoir de la prière.

> Mais souvenez-vous de ces premiers jours, où, après avoir été éclairés, vous avez soutenu un grand combat au milieu des souffrances (Hébreux 10:32).

> Priez pour nous; car nous croyons avoir une bonne conscience, souhaitant en toutes choses nous conduire honorablement. C'est avec instance que je vous demande de le faire particulièrement, afin que je vous sois rendu plus tôt (Hébreux 13:18).

Tout au long de son ministère, Paul a demandé aux autres de prier pour lui. Dans 1 Thessaloniciens 5:17, Paul nous demande de "prier sans cesse."

Dans Romains 15:30–31, l'apôtre demanda aux saints de prier:

> Je vous exhorte, frères, par notre Seigneur Jésus-Christ et par la charité de l'Esprit, à combattre avec moi, en adressant à Dieu des prières en ma faveur, afin que je sois délivré des incrédules de la Judée, et que les dons que je porte à Jérusalem soit agréés des saints.

Dans 2 Corinthiens 10:4, Paul dit: "Car les armes avec lesquelles nous combattons ne sont pas charnelles, mais elles sont suffisamment puissantes, par la vertu de Dieu, pour renverser des forteresses." Dans Colossiens 2:1, l'apôtre dit: "Je veux, en effet, que vous sachiez combien est grand le conflit que je soutiens pour vous, et pour ceux qui sont à Laodicée, et pour tous ceux qui n'ont pas vu mon visage dans la chair."

Paul aborde sa souffrance et son combat: "Mais même après avoir souffert et reçu des outrages à Philippes, comme vous le savez, nous prîmes de l'assurance en notre Dieu, pour vous annoncer l'Évangile de Dieu, au milieu de bien des combats " (1 Thessaloniciens 2:2).

Paul dit dans Philippiens 1:29–30: "Car il vous a été fait la grâce, par rapport à Christ, non seulement de croire en Lui, mais aussi de souffrir pour Lui, en soutenant le même combat que vous m'avez vu soutenir, et que vous apprenez maintenant que je soutiens."

Dans Colossiens 4:2, nous lisons: "Persévérez sincèrement dans la prière, veillez-y avec actions de grâces."

Paul écrit: "Épaphras, qui est des vôtres, vous salue: serviteur de Jésus Christ, il ne cesse de combattre pour vous dans ses prières, afin que, parfaits et pleinement persuadés, vous persistiez dans une entière soumission à la volonté de Dieu" (Colossiens 4:12).

Jésus prie beaucoup aussi pour le succès de Son ministère de discipulat. Dans Matthieu 14:23, nous pouvons le voir prier toute la nuit. À la fin de Son ministère, nous trouvons Jésus en prière à Gethsémané (Matthieu 26:36–44).

White déclare: "Si nous ne sommes pas disposés à faire des sacrifices spéciaux pour sauver les âmes qui sont prêtes à périr, comment pouvons-nous être considérés comme dignes d'entrer dans la cité de Dieu?"[28] Elle déclare que "le Seigneur appelle les soldats qui n'échoueront pas ou ne seront pas découragés mais qui accepteront le travail malgré tous les aspects désagréables. Il voudrait que nous considérions tous Christ comme notre modèle."[29]

Elle ajoute: Un plus grand que Josué est à la tête des armées d'Israël. Il y en a un au milieu de nous, le capitaine de notre salut, qui a dit, pour nous encourager: "Je suis avec vous tous les jours, jusqu'à la fin du monde." "Ayez courage, j'ai vaincu le monde." Il nous mènera à la victoire absolue. Ce que Dieu promet, Il est capable à tout moment de l'accomplir. Et le travail qu'Il donne à faire à Son peuple, Il est capable de l'accomplir à travers eux.[30]

Un moyen d'accomplir votre objectif le plus élevé dans la vie

Je crois que le discipulat est la manière de Dieu de permettre à chaque croyant d'accomplir son but le plus élevé dans la vie.

White écrit: "J'ai été profondément impressionnée par les scènes qui se sont récemment déroulées devant moi lors de la saison nocturne. Il semblait y avoir un grand mouvement, une œuvre de renouveau en cours dans de nombreux endroits. Notre peuple faisait la queue, répondant à l'appel de Dieu."[31]

White ajoute que "la vie sur Terre est le début de la vie au Ciel; l'éducation sur Terre est une initiation aux principes du Ciel; le travail de la vie ici-bas est une formation pour le travail de la vie là-haut. Ce que nous sommes maintenant, dans le caractère et le service sacré, est l'annonce certaine de ce que nous serons."[32] White mentionne: " Les membres de l'Église doivent travailler ; ils doivent s'éduquer eux-mêmes et s'efforcer d'atteindre les normes les plus élevées qui leur sont imposées. Le Seigneur les aidera à les atteindre s'ils coopèrent avec Lui."[33]

Cox et Peck mentionnent que le discipulat favorise le but suprême de la vie, car il a un impact direct sur l'éternité.[34]

Un travail empreint de responsabilité

Tout le monde est tenu de rendre des comptes à quelqu'un. C'est un excellent moyen de grandir. Seifert emarque que les gens peuvent avoir la responsabilité de leur transformation tout au long du voyage en se joignant à un groupe de personnes également engagées dans le voyage de transformation.[35]

Nous trouvons cette responsabilité dans la Bible. Joshua rendait des comptes à Moïse. Les douze et les soixante-dix rendaient des comptes à Jésus. Hull affirme:

> Les apôtres envoyèrent Pierre et Jean pour vérifier le ministère naissant de Philippe. Bien qu'ils souhaitaient multiplier leurs efforts, les douze désiraient aussi un contrôle qualité. Il leur fallait des preuves que la main de Dieu était dans l'acceptation du Christ par les Samaritains. Pierre et Jean s'entretinrent assurément avec des convertis, les interrogeant sur leurs décisions. Pour s'assurer que Dieu avait brisé cette barrière, ils priaient pour que les Samaritains reçoivent le Saint-Esprit à la manière qu'eux L'avaient reçu. Ainsi, ils prièrent et les Samaritains reçurent l'Esprit, louant Dieu dans des langues inconnues. Ainsi Dieu confirma la destruction de la barrière samaritaine; la réalité de Sa puissance ne pouvait être niée. Sur cette base, Pierre et Jean prêchèrent sur le chemin du retour, à travers les villes samaritaines. Leurs actions reflétaient un changement majeur dans leur vision du monde.[36]

Il écrit:

> Chaque fois que l'Église multiplie le ministère, l'autorité déléguée exige la responsabilité. Sans cela, le ministère multiplié rencontre des difficultés à trouver un endroit où se produire.[37]

Il ajoute:

> Les disciples sont le produit; baptiser et enseigner à obéir sont les qualificatifs. Un disciple doit au minimum rendre public son témoignage, par le baptême, et se soumettre à l'autorité des autres en étant éduqué. Il est disponible pour la formation; il comprend la vertu de la responsabilité. Il s'engage dans une vie d'apprentissage. Il n'y a pas de formation de disciple sans responsabilité.[38]

Dans son livre classique sur le discipulat, Bennett s'appuie sur la définition de Moore lorsqu'il déclare: "Le discipulat est un processus qui se déroule au sein de relations responsables dans un certain laps de temps en vue d'amener les croyants à la maturité spirituelle en Christ."[39] Une relation responsable est cruciale pour comprendre la signification du discipulat. Les disciples doivent rendre des comptes à quelqu'un.[40]

De nombreuses personnes ont besoin d'aide pour maintenir leurs engagements envers Dieu. L'église doit fournir une variété de moyens pour tenir les gens responsables. La formation de disciples ne peut se produire si cet élément est négligé. Une série d'accords peut être conclue dans le cadre du programme de discipulat de l'église. Des moyens formels et informels de responsabilisation doivent être fournis, du système de jumelage aux engagements relationnels.

Hull dit:

> Tout ministère réussi est basé sur les relations. L'église dotée d'un esprit de discipulat doit faire de la construction de la communauté une très haute priorité, et toute vie de groupe d'église doit s'atteler à encourager les autres à partager leurs besoins. Un environnement aimant et solidaire crée une équité émotionnelle qui agit comme un coussin lors des chocs et des turbulences du ministère. Cet ancrage émotionnel doit être libéré pour former le fondement relationnel de l'église.

Pour maintenir un discipulat efficace, rappelez-vous: le discipulat n'est pas un événement ; c'est un processus. Aucun système n'est en mesure de faire des disciples, car le discipulat exige qu'une personne soit activée par le Saint-Esprit.[41]

Un travail empreint d'une joie excessive

Un disciple de Jésus ressent de la joie (Jean 15:11). White mentionne: "C'est une erreur de penser que Dieu est heureux de voir ses enfants souffrir. Les cieux entiers s'intéressent au bonheur des Hommes. Notre Père céleste ne ferme les voies de la joie à aucune de ses créatures."[42]

White ajoute:

La joie: c'est la récompense que Christ offre à ses ouvriers en leur permettant d'entrer dans Sa joie. Cette joie, à laquelle le Christ lui-même prétend avec un ardent désir, est présente dans la requête faite à Son Père: "Je veux que là où je suis, ceux que tu m'as donnés soient aussi avec moi."[43]

Un travail enrichissant

White écrit: "L'approbation du Maître n'est pas donnée en raison de la grandeur du travail accompli – par la quantité des choses acquises-, mais en raison de la fidélité démontrée dans certaines choses seulement. Ce ne sont pas les grands résultats que nous atteignons, mais les raisons qui nous motivent à les atteindre qui comptent pour Dieu. Il valorise la bonté et la fidélité plus que la grandeur du travail accompli."[44]

White ajoute, "Chaque effort effectué pour le Christ sera récompensé par une bénédiction"[45] Elle écrit: "Chaque devoir accompli, chaque sacrifice fait au nom de Jésus apporte une très grande récompense. Dans l'acte même du devoir, Dieu parle et donne Sa bénédiction."[46]

> Chaque effort effectué pour le Christ sera récompensé par une bénédiction.

Harrington et Patrick écrient que seul Jésus est digne d'être la chose la plus importante dans nos vies - c'est ce qu'implique le discipulat.[47] Notre focus en tous points est Jésus, et c'est en raison de qui est Jésus et de ce qu'Il a dit et fait que le discipulat et la formation de disciples doivent être notre passion motrice.

White écrit: "Une âme a une valeur infinie, car le Calvaire en dit long. Une âme, gagnée à la vérité, jouera un rôle déterminant dans la conquête des autres, et il y aura un résultat toujours croissant de bénédiction et de salut."[48] Elle ajoute: "En travaillant pour les âmes périssantes, vous aurez la compagnie des anges."[49]

Babcock dit qu'il n'y a rien de plus passionnant que de voir une personne qui a appris à connaître le Christ devenir un disciple et, à son tour, commencer à former d'autres disciples.[50] Il ou elle s'est perfectionné(e) pour se reproduire. Les reproducteurs sont des personnes qui deviennent formateurs après avoir été formées.

White mentionne: "Notre petit monde sous la malédiction du péché - la seule tache sombre dans Sa glorieuse création - sera honoré au-dessus de tous les autres mondes de l'univers de Dieu."[51]

White dit:

Le plus humble et le plus faible des disciples de Jésus pourrait être une bénédiction pour les autres. Ils peuvent ne pas se rendre compte qu'ils font le bien, mais par leur influence inconsciente, ils peuvent déclencher des vagues de bénédiction qui s'élargiront et s'approfondiront; les résultats bénis qu'ils ne connaîtront peut-être jamais avant le jour de la récompense finale. Ils ne sentent ni ne savent qu'ils font quelque chose d'important. Ils ne sont pas obligés de se préoccuper du succès. Ils n'ont qu'à avancer tranquillement, en faisant fidèlement le travail que la providence de Dieu leur assigne, et leur vie ne sera pas vaine. Leurs propres âmes grandiront de plus en plus en vue de ressembler à Christ; ils sont des ouvriers auprès de Dieu dans cette vie et sont donc appropriés pour le travail supérieur et la joie dénuée d'ombre de la vie à venir.[52]

> Le plus humble et le plus faible des disciples de Jésus pourrait être une bénédiction pour les autres.

Faire des disciples est la mission de chaque disciple: partir en quête de personnes pour le Christ. C'est notre devoir de leur dire que Dieu les aime et qu'il n'y a pas de temps à perdre. Nous devons aller vers eux avec l'amour comme seul outil et les amener au royaume de l'amour.

Heureux ce serviteur que son maître, à son arrivée, trouvera faisant ainsi (Matthieu 24:46).

Application personnelle

Je ne veux pas être satisfait de ma vie spirituelle actuelle. Je ne veux pas me contenter de moins alors que Dieu me réserve davantage. Je veux expérimenter la joie d'être un disciple.

Prières suggérées

1. Jésus, donne-moi la joie d'être Ton disciple.

2. Ô Seigneur, aide-moi à grandir spirituellement.

3. Saint-Esprit, remplis-moi comme jamais auparavant afin que je puisse accomplir le but le plus élevé de ma vie.

Notes

[1] Bill Hull, *The complete book of discipleship: On being and making followers of Christ* (Colorado Springs: NavPress, 2006).

[2] Ellen G. White, *The Desire of Ages* (Mountain View: Pacific Press Publishing Association, 1898), 6.

[3] Ellen G. White, *Prophètes et rois* (Dammarie Les Lys: Editions S.D.T., 1976), 221.

[4] Ellen G. White, *Service chrétien* (Washington: Ellen G. White Estate, Inc., 2010), 62.

[5] Ibid, 6.

[6] Ibid, 7.

[7] Ibid.

[8] Ibid, 71.

[9] Ibid, 6.

[10] Ibid, 182.

[11] Bobby Harrington et Josh R. Patrick, *The disciple maker's handbook: Seven elements of a discipleship lifestyle* (Grand Rapids: Zondervan, 2017).

[12] Alejandro Bullón, *Total member involvement: A call to serve* (Silver Spring: Review & Herald Publishing Association, 2017).

[13] Ibid, 9.

[14] Bill Hull, *The disciple-making church: Leading a body of believers on the journey of faith* (Grand Rapids: Baker Books, 2010).

[15] White, *Service chrétien*, 64.

[16] White, *The Desire of Ages*, 131.

[17] Ellen G. White, *Témoignages pour l'Église*, vol. 4 (Washington: Ellen G. White Estate, Inc, 2010), 358-359.

[18] Ellen G. White, *Christ's Object Lessons* (Washington: Ellen G. White Estate, Inc., 2010), 353-354.

[19] White, *Service chrétien*, 101.

[20] Ellen G. White, *Témoignages pour l'Église*, vol. 6 (Washington: Ellen G. White Estate, Inc., 2010), 423.

[21] Ellen G. White, *Mind, Character, and Personality*, vol. 1 (Nashville: Southern Publishing Association, 1977), 212.

[22] Ellen G. White, *Steps to Christ* (Scotts Valley: CreateSpace Independent Publishing Platform, 2009), 68.

[23] White, *The Desire of Ages*, 142.

[24] White, *Service chrétien*, 75.

[25] White, *The Desire of Ages*, 135.

[26] Ibid, 126.

[27] Ibid, 135.

[28] Ellen G. White, *Témoignages pour l'Église*, vol. 9 (Washington: Ellen G. White Estate, Inc, 2010), 103.

[29] Ellen G. White, *Témoignages pour l'Église*, vol. 2 (Washington: Ellen G. White Estate, Inc, 2010), 151.

[30] White, *Témoignages pour l'Église*, vol. 2, 122.

[31] Ellen G. White, "May 28, 1913: Courage in the Lord," in *The General Conference Bulletin* (Washington: Ellen G. White Estate, Inc., 1895), 34.

[32] Ellen G. White, *Education* (Washington: Ellen G. White Estate, Inc., 2010), 307.

[33] White, *Témoignages pour l'Église*, vol. 9, 140.

[34] William F. Jr. Cox et Robert A. Peck, "Christian education as discipleship formation," *Christian Education Journal* 15, no. 2 (2018): 243–261, https://doi.org/10.1177/0739891318778859

[35] Vanessa M. Seifert, "Discipleship as a catalyst for personal transformation in the Christian faith" (Thèse de doctorat non publiée, University of the Incarnate Word, 2013), 48, https://athenaeum.uiw.edu/uiw_etds/45.

[36] Hull, *The disciple-making church*, 96.

[37] Ibid, 97.

[38] Ibid, 70.

[39] Ron Bennett, *Intentional disciplemaking: Cultivating spiritual maturity in the local church* (Colorado Springs: NavPress, 2001).

[40] Opoku Onyinah, "The meaning of discipleship," *International Review of Mission* 106, no. 2 (2017): 216–227, https://doi.org/10.1111/irom.12181

[41] Hull, *The disciple-making church*, 37.

[42] White, *Steps to Christ*, 46.

[43] White, *Témoignages pour l'Église*, vol. 7, 309.

[44] White, *Témoignages pour l'Église*, vol. 2, 510-511.

[45] White, *Christ's Object Lessons*, 354.

[46] White, *Témoignages pour l'Église*, vol. 4, 145.

[47] Harrington et Patrick, *The disciple maker's handbook*.

[48] White, *Service chrétien*, 95.

[49] Ibid, 183.

[50] Eldon Babcock, "The implementation of a disciple-making process in the local church" (Thèse de doctorat non publiée, George Fox University, 2002), http://digitalcommons.georgefox.edu/dmin/180.

[51] White, *The Desire of Ages*, 26.

[52] White, *Steps to Christ*, 83.

CHAPITRE 7

CHOISI POUR ETRE UN DISCIPLE DU CHRIST AU XXIE SIECLE

"Dieu n'a pas promis de bénir nos bons motifs, nos rêves et nos innovations. Il a promis de bénir Son plan; ce plan est que les disciples fassent d'autres disciples. Tout le reste n'est que diversion."

—Bill Hull

Ce chapitre a une histoire. J'avais fini les six chapitres précédents et je pensais être venu à bout de mon livre. J'ai envoyé les chapitres à mes deux fils et leur ai demandé de me faire part de leurs commentaires. Dieu a inspiré mon deuxième fils, David, à me dire: "Papa, ce que tu as écrit est bien, mais comment une personne peut-elle être un disciple dans ce monde surchargé où beaucoup assument deux emplois et d'autres doivent faire face à des défis constants pour survivre?"

J'ai trouvé cette question tout à fait à propos. Je dis merci à Dieu. Et je pense que vous pouvez vous poser la même question. Alors, regardons la réalité en face.

Dans chaque génération, à commencer par Abraham, Dieu a choisi des gens pour Le suivre. Dans chaque génération après Son ascension, Jésus choisit des gens pour être des disciples et faire des disciples. L'ordre est de faire des disciples jusqu'à la fin. Relisez Matthieu 28:18-20:

> Jésus, s'étant approché, leur parla ainsi: "Tout pouvoir m'a été donné dans le ciel et sur Terre. Allez, faites de toutes les nations des disciples, les baptisant au nom du Père, du Fils et du Saint-Esprit, et enseignez-leur à observer tout ce que je vous ai prescrit. Et voici, je suis toujours avec vous tous les jours, jusqu'à la fin du monde."

Amen! Il est clair que Jésus aura des disciples jusqu'à la fin. Il est évident que Jésus veuille aussi des disciples au XXIe siècle, de notre génération.

Or la grande question est la suivante: comment peut-on être des disciples au XXIe siècle, alors que les pasteurs, les leaders des églises locales, les membres et toutes les personnes sont toujours si occupés? Comment être aujourd'hui des disciples dans la quatrième révolution industrielle? Comment peut-on être des disciples dans cet environnement 5G, où la technologie sans fil de cinquième génération pour les réseaux cellulaires numériques a le potentiel de changer tant de choses?

Se recentrer dans cette ère de l'information

Nous vivons à l'ère de l'information. Nous vivons dans une culture numérique. Bien que l'Internet soit un outil fantastique, nous devons faire attention à ne pas tuer notre temps avec Dieu.

McKeown écrit: "Si vous n'établissez pas vos priorités, quelqu'un le fera pour vous" et ajoute que "la poursuite disciplinée du moins nous permet de reprendre le contrôle de nos choix afin que l'on puisse apporter la plus grande

> Si vous n'établissez pas vos priorités, quelqu'un le fera pour vous.

contribution possible aux choses qui comptent vraiment."[1] McKeown raconte l'histoire de Bill Gates, le PDG de Microsoft, qui "prend régulièrement une semaine de congé deux fois par an de son temps chargé et frénétique pour créer du temps et de l'espace pour s'isoler et ne faire que lire des articles et des livres, étudier la technologie et réfléchir à la situation dans son ensemble."[2] Bill Gates appelle ces deux semaines "Think Week", qu'on peut traduire par "Semaine de réflexion."

Levitin écrit sur la nécessité de s'organiser pour gérer le déluge d'informations qui nous assaille chaque jour.[3] Kersting donne des statistiques alarmantes sur la façon dont la surutilisation des appareils électroniques peut affecter le cerveau.[4]

Vous devez prendre le contrôle des appareils numériques et les utiliser de manière stratégique. Sinon, ils vous contrôleront et finiront par détruire votre vie spirituelle, votre santé personnelle et votre vie de famille. En tout, il convient de cultiver la tempérance. C'est l'un des fruits du Saint-Esprit (Galates 5:23). Cela signifie que si vous êtes dépendant dd l''Internet, le Saint-Esprit peut vous pourvoir la force spirituelle nécessaire pour surmonter cette dépendance. Si vous voulez être un disciple de Jésus en ce XXIe siècle, ne laissez rien ni personne voler votre temps quotidien avec Jésus. C'est pendant ce temps quotidien avec Jésus que vous entendrez Sa voix; vous trouverez la force de porter le fardeau de la journée et aurez une nouvelle vision pour naviguer dans les défis de la journée. C'est là que vous trouverez votre joie. C'est là que vous découvrirez le but de votre existence.

Trouvez du temps pour vous et Dieu

Tout au long de la Bible, nous remarquons que personne n'est en mesure de suivre Dieu ou d'effectuer quoi que ce soit en Son nom sans une rencontre personnelle avec Lui. Cela vaut aussi en ce siècle: pour être le disciple de Jésus, vous devez trouver le temps d'être avec Lui. Le temps passé en Sa présence n'est jamais du temps perdu. Il s'agit d'un temps de renouvellement, d'un temps de rajeunissement. La vie aujourd'hui est tellement mouvementée. Vous ne pouvez gérer seul tous les aléas. Vous avez besoin de Jésus à vos côtés au quotidien.

Vous devez chercher Dieu chaque jour. Il est votre Père. Il vous aime. Et dans sa prière modèle dans Matthieu 6:9-15, Jésus nous enseigne que Dieu est notre Père. Il connaît nos besoins. Chaque jour, Il pourvoit notre nourriture. Il nous fournit protection, conseils et joie du pardon. S'il existe un moment précis où vous avez besoin de chercher Dieu, c'est précisément à l'heure actuelle. Vous n'avez pas à naviguer seul dans cette vie difficile. Votre Père attend chaque jour qu'Il fasse pour vous "infiniment au-delà de tout ce que nous demandons ou pensons, par la puissance qui agit en nous" (Éphésiens 3:20).

Faites du temps passé avec Jésus au quotidien votre priorité de la vie. Lorsque vous commencerez à passer cinq ou dix minutes avec lui au quotidien, après un certain temps, vous vous consacrerez davantage parce que plus vous serez proche de Jésus, plus vous aurez envie de passer du temps auprès de Lui et plus vous aurez de clarté dans votre vie, aussi plus vous ferez l'expérience de la joie de marcher avec Jésus.

Exemple de Josué

Je ne pense pas que vous puissiez avoir une vie plus occupée que Josué de la Bible. C'était une personne amenée à conquérir de vastes territoires occupés par de nombreuses nations dotées de villes fortifiées.

Selon Josué 12:7-24, Josué vainquit trente et un rois du côté ouest du Jourdain, sans parler des rois des régions du sud et du nord autour de la mer de Galilée. Il dut combattre des ennemis toute sa vie. À l'heure actuelle, vous ne pouvez pas avoir plus de fardeaux dans la vie que n'en a eus Josué. Et pourtant, Dieu a dit à Josué que pour réussir dans cette tâche, il devait trouver le temps de lire et de méditer la Bible chaque jour.

Dieu a dit: "Ce Livre de la Loi ne s'éloigne point de ta bouche; médite-le jour et nuit, pour agir fidèlement selon tout ce qui y est écrit; car c'est alors que tu auras du succès dans tes entreprises, c'est alors que tu réussiras" (Josué 1: 8).

Voulez-vous réussir dans le rythme effréné de la vie du XXIe siècle? Trouvez du temps pour lire et méditer la Bible chaque jour. Avez-vous de nombreuses batailles à mener? Il s'agit de la source du succès dans votre vie. Dieu donne la garantie que si vous vous y appliquez, Il "rendra votre chemin prospère" (Josué 1: 8). Et plus encore, "l'Éternel, votre Dieu, est avec vous dans tout ce que vous entreprendrez" (Josué 1: 9). Prenez le temps de méditer sur Jésus chaque jour et sur Son sacrifice, la façon dont Il a été traité, Son amour, Sa passion, Sa mort et Sa résurrection. Plus vous méditez sur Jésus, plus vous deviendrez tel que Lui et plus vous trouverez de force pour affronter les défis de la vie.

Prenez le temps de méditer et de prier tous les jours. Comme Josué, vous vous trouvez vous aussi dans un réel combat. Le diable se bat contre vous tous les jours. La prière est votre arme spirituelle.

Le réformateur Martin Luther a fait l'expérience du pouvoir de la prière. Voici quelques citations de Martin Luther sur la prière:

"Je dois me dépêcher toute la journée pour avoir le temps de prier."

"Si je ne passe pas deux heures à prier chaque matin, le diable remporte la victoire tout au long de la journée. J'ai tellement de travail que je ne peux continuer sans passer trois heures par jour à prier.

Si je négligeais la prière ne serait-ce qu'un jour, je perdrais une grande partie du feu ardent de la foi."[5]

N'oubliez pas que nous pourrions être les derniers disciples de Jésus sur cette Terre.

Jésus a dit qu'il serait à nos côtés jusqu'à la fin. Quelle joie de savoir, en ce jour même, que Jésus est avec nous - Celui qui a toute autorité dans le Ciel et sur la Terre. Cela peut être un soulagement pour nous, ce qui peut nous aider à gérer notre anxiété, notre stress et notre peur de demain. Jésus a assuré qu'Il prendrait soin de nous. La Bible dit: " Et même les cheveux de votre tête sont tous comptés " (Matthieu 10:30).

En ces jours difficiles, Jésus a dit: "Cherchez d'abord le royaume et la justice de Dieu, et toutes ces choses vous seront données par-dessus" (Matthieu 6:33). Il prendra soin de vous et de votre famille. Pour être un disciple de Jésus aujourd'hui, vous devez avoir davantage foi en Lui, sachant qu'Il ne vous laissera jamais tomber. Jésus doit être le Premier, le Dernier et le Meilleur dans tout ce que vous faites. En tant que disciple de Jésus, quelle que soit la situation, vous avez un brillant avenir devant vous.

Cela dit, dans ce monde bruyant, vous devez trouver du temps pour Jésus chaque jour. Le temps passé avec Jésus n'est pas du temps perdu; c'est recevoir le carburant nécessaire pour vous permettre d'avancer avec joie et détermination.

Soyez un exemple pour les autres

Vous êtes un disciple de Jésus et vous Le suivez par choix et par grâce. Chaque jour, vous apprenez de Lui comment vivre dans le royaume de Dieu. Paul donne un exemple parfait de la façon d'être un disciple, et ces mots sont intemporels. Nous en avons plus que jamais besoin en cette ère postmoderne. Paul écrit:

> J'ai été crucifié avec Christ; et si je vis, ce n'est plus moi qui vis, c'est le Christ qui vit en moi; si je vis maintenant dans la chair, je vis dans la foi au Fils de Dieu, qui m'a aimé et s'est livré Lui-même pour moi (Galates 2:20).

Je dois avouer que j'ai toujours eu du mal à saisir l'idée de ce verset. Je pensais que Paul avait cultivé cette idée à la fin de son ministère. Ce n'est qu'à l'issue de plusieurs recherches que j'ai découvert que Paul avait écrit la lettre pour les Galates vers 49 après JC, avant sa présence au Conseil de Jérusalem (voir aussi Actes 15: 1–30). 2 Timothée, l'une des dernières lettres de Paul a été écrite d'une cellule de prison romaine sombre et humide, juste avant sa mort en 67 après JC. Cela signifie que ce n'est pas à la fin de sa vie que Paul a dit: "J'ai été crucifié avec Christ." Il l'a dit au sommet de son ministère, au milieu des défis, des persécutions, des lapidations et des emprisonnements. On comprend ainsi qu'en cette période difficile, dans votre vie pleine de fardeaux, Christ peut encore vivre en vous. L'expression 'Le Christ vit en moi' instaurait une nouvelle vie pour Paul. Telle est la vie d'un disciple. En tout temps et chaque jour, vous devez vous dire: "Le Christ vit en moi ".

Ce voyage ne l'est pas seulement pour Paul. Il est pour chaque disciple du Christ. Paul lui-même nous invite à l'imiter. Dans 1 Corinthiens 4:16, il écrit: "Je vous en conjure donc, soyez mes imitateurs." Dans 1 Corinthiens 11:1, il dit: "Soyez mes imitateurs, comme je le suis moi-même du Christ". À Timothée, il déclara: "Que personne ne méprise ta jeunesse; mais sois un modèle pour les fidèles, en parole, en conduite, en charité, en esprit, en foi, en pureté" (1 Timothée 4:12). À Tite, il écrit: "Te montrant toi-même à tous égards un modèle de bonnes œuvres, et donnant un enseignement pur, digne, une parole saine, irréprochable, afin que l'adversaire soit confus, n'ayant aucun mal à dire de nous" (Tite 2:7–8). Paul veut que le chrétien, le disciple, soit un modèle pour les autres où qu'il soit, apprenant de Jésus chaque jour.

Le disciple apprend de Jésus comment faire tout ce qu'il ou elle fait de la manière dont Jésus l'a fait. Dans ce voyage, Jésus comprend nos lacunes, nos faiblesses. Il vous fera toujours avancer. Si Jésus vit en vous et que vous êtes son disciple, alors quel que soit votre âge, votre race, votre situation, votre profession ou votre statut social, vous devriez continuellement vous demander que ferait Jésus à votre place aujou'd'hui.

Par exemple, je suis père de trois enfants. Je dois toujours me demander comment Jésus interagirait avec mes enfants s'Il était à ma place. Je vous encourage à cultiver cette perspective dans tout ce que vous faites au sein de votre famille, votre travail, votre église et dans le spectre de votre vie. En tant que disciples, nous devons laisser Jésus implanter Son amour en nous. Cet amour n'est pas naturel; seul le Saint-Esprit peut vous le donner.

En tant que disciple, votre relation avec Jésus couvre toutes choses, qu'elles soient religieuses ou séculières. Grâce à vous, plus de gens auront une idée de qui est Jésus. Paul écrit: "Vous êtes manifestement une lettre du Christ, écrite, par notre ministère, non avec de l'encre, mais avec l'Esprit du Dieu vivant, non sur des tables de pierre, mais sur des tables de chair, sur les cœurs" (2 Corinthiens 3: 3). J'espère que vous n'oublierez jamais cela. *Vous* - oui, vous! – êtes une lettre du Christ aux autres.

Vous n'êtes pas un accident sur cette Terre. Vous avez une mission spécifique ici. Depuis l'éternité passée, Dieu rêve que vous suiviez Jésus, que vous deveniez semblable à Jésus, et que vous fassiez d'autres disciples pour lui. Il vous y aidera si vous Lui en donnez la permission. Placez vos mains au creux de Ses mains. Faites-lui confiance. C'est ainsi que Dieu vous permettra d'accomplir votre destin dans cette vie. Dieu veut que vous viviez une vie pleine de joie et d'épanouissement. Vous êtes né pour cela! C'est votre but le plus élevé dans cette vie. Vous avez été *choisi pour être un disciple*.

Application personnelle

1. "Comment allez-vous trouver suffisamment de temps pour être avec Dieu au quotidien? Vous êtes tellement occupé. Vous avez deux emplois à assumer et en meme temps prendre soin de la famille. "Souvenez-vous que c'est parce que vous avez beaucoup à faire que vous avez le plus besoin de Dieu. Si vous ne passez pas

du temps de qualité avec Dieu tous les jours, c'est là que vous perdrez la bataille.

2. Je veux prendre la résolution aujourd'hui, par la grâce de Dieu, de trouver du temps chaque jour pour lire et méditer la Bible. Si je le fais, je crois que le Dieu qui a combattu pour Josué combattra aussi pour moi. Il me donnera du succès dans ma vie. Je réclame Sa promesse de succès tout au long de ma vie. (Relisez Josué 1:8-9.)

3. Je dois comprendre que je suis une "lettre du Christ" à ma famille, à mes collègues et aux autres.

4. Il est temps de brûler les ponts; il n'y a pas de retour possible à mon ancienne vie spirituelle. Par la grâce de Dieu, je veux être l'un des fidèles disciples de Jésus en cette génération.

Prières suggérées

1. Ô Jésus, je Te demande aujourd'hui de me donner la volonté et la détermination de trouver chaque jour le temps de lire et de méditer sur la Bible.

2. Mon Sauveur et mon Seigneur, je Te demande de mener mes batailles pour moi comme Tu t'es battu pour Josué dans le passé.

3. Mon Dieu aide-moi à conquérir tous les territoires qu'Il a en tête pour ma famille et pour moi.

4. Jésus, malgré l'agitation de cette vie, donne-moi le désir et la volonté par le Saint-Esprit de passer du temps avec Toi dans la prière chaque jour.

5. Jésus, aide-moi à vivre sur cette Terre comme Ton disciple

[1] Greg McKeown, *L'essentialisme: Faire moins mais mieux! L'art d'être réellement efficace*, trans. Elisa Guenon (Paris : Guy Trédaniel, 2018), 10.

[2] McKeown, *L'essentialisme*, 70.

[3] Daniel J. Levitin, *L'Esprit organisé*, trans. Marianne Colombier (Paris: Héloïse d'Ormesson, 2018).

[4] Thomas J. Kersting, *Disconnected: How to protect your kids from the harmful effects of device dependency* (Grand Rapids: Baker Books, 2016).

[5] Toutes les citations de Martin Luther sont issues de Quotetab et traduites librement; "Martin Luther quotations about prayer," Quotetab, accessed June 2, 2021, https://www.quotetab.com/martin-luther-quotes-about-prayer

Annexe A

Check-list personnelle pour le disciple

1. Je lis ma Bible tous les jours.
2. Je passe du temps personnel avec Jésus au quotidien.
3. Chaque jour, j'adore mon Seigneur.
4. Mon culte hebdomadaire s'améliore.
5. Je prends le temps de jeûner chaque semaine ou chaque mois, ou de temps en temps.
6. Chaque année, le Saint-Esprit m'aide à amener au moins une personne à Christ.
7. J'expérimente la joie du salut.
8. Je suis fidèle dans mes dîmes et mes offrandes.
9. J'aide au moins une personne à devenir disciple de Jésus.
10. J'aide mon église à accomplir la Grande Commission.
11. J'aide ma communauté, même par de petits actes de gentillesse.

Annexe B

Programme de discipulat
Établir un système cyclique

A. Modèle structurel 1

B. Modèle structurel 2

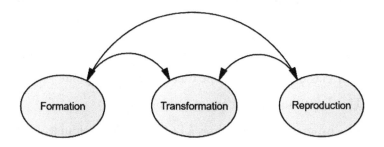

Les trois étapes de ce processus sont la formation, la transformation et la reproduction.

Nous nous conduisons à l'Église de la même manière depuis des années, et nous voyons les résultats. Nous faisons de nouveaux convertis, et non des disciples. Nous faisons des consommateurs, et non des producteurs. En conséquence, de nouveaux croyants quittent l'Église chaque année. Nous gaspillons de nombreuses vies. Pourquoi ne suivonsnous pas la Grande Commission en faisant des disciples? Cela aiderait l'Église à croître de manière exponentielle. Cela sauverait de nombreuses vies.

Pour appliquer le processus de discipulat, le pasteur ou le dirigeant de l'église doit croire au discipulat, tel que Jésus le commande et le pratique.

1. Le pasteur doit former les leaders de l'église locale au discipulat (en utilisant les chapitres de ce livre).

2. Le pasteur doit former certains leaders d'églises locales sur la façon de diriger une classe de discipulat.

3. Le pasteur doit prêcher sur le discipulat.

4. Le pasteur doit développer, avec passion, l'amour du discipulat parmi les membres de l'église.

5. Le pasteur peut essayer de suivre les étapes suivantes:

6. Un programme de quatre mois

7. Une classe d'un an à l'école du sabbat de discipulat

8. Une formation de discipulat one-on-one

9. Des programmes spécialisés à l'église sur le discipulat

10. L'évaluation et la répétition du processus

Formation des disciples

Un programme de discipulat de quatre mois

A. Mieux connaître Jésus (premier mois)

1. La vie et l'enseignement de Jésus

2. Sa mort

3. La prière de Jésus

4. Comment être un disciple de Jésus

B. Mieux connaître la Bible (deuxième mois)

1. L'importance et l'inerrance de la Bible

2. La prophétie dans la Bible

3. L'importance de la lecture quotidienne de la Bible (Josué 1, Psaume 1, Psaume 119)

4. Lire et appliquer la Bible quotidiennement en tant que disciple (Josué 1, Psaume 1 et Psaume 119 - ceux qui pratiquent la Parole telle un rocher)

C. Mieux connaître le Saint-Esprit (troisième mois)

1. Le Saint-Esprit dans la Bible

2. La personne du Saint-Esprit

3. L'œuvre du Saint-Esprit

4. Comment être rempli du Saint-Esprit en tant que disciple

D. Mieux connaître la procédure de discipulat (quatrième mois)

1. La Grande Commission

2. La mission de chaque croyant

3. Comment faire d'autres disciples I (Jean 15 - fruit intérieur, caractère)

4. Comment faire d'autres disciples II (Jean 15 - fruit extérieur, faire d'autres disciples)

Un programme de discipulat d'un an
(Par le biais d'une classe de l'école du sabbat ou d'autres petits groupes)

Organisez une classe spéciale de discipulat chaque matin du sabbat pour les nouveaux convertis pendant un an. Passez en revue la leçon pendant dix minutes et commencez par un cours unique sur le discipulat. Cette classe doit compter au moins deux professeurs.

Commencer par le programme de quatre mois sur le discipulat. Couvrir ensuite les sujets suivants:

1. L'importance de la prière

2. L'importance de lire la Bible quotidiennement

3. Cherchez le baptême du Saint-Esprit

4. Chaque nouveau croyant doit devenir un disciple de Jésus (Le suivre, renoncer à soi, porter sa croix)

5. Pratiquer les disciplines spirituelles (prière, jeûne, dévotion au foyer et à l'église, témoignage, etc.)

6. Le jeûne dans la vie du disciple

7. Le culte hebdomadaire (venir avec un ami ou un membre de la famille)

8. L'importance et le pouvoir de la prière d'intercession

9. Comment organiser une étude biblique en personne, via Zoom ou par téléphone

10. Comment se préparer à la campagne d'évangélisation

11. Comment travailler dans une campagne d'évangélisation

12. Que faire après une campagne d'évangélisation (contact et prise en charge des nouveaux convertis)

13. Comment devenir disciple de Jésus

14. Comment diriger une étude biblique

15. Comment conduire une personne au Christ

16. Comment faire de nouveaux disciples pour Jésus

17. Justification

18. Sanctification

19. Les vingt-huit doctrines fondamentales (une doctrine par semaine)

20. Ellen G. White et ses écrits (lire trois livres pour l'année: *Steps to Christ (Le Meilleur chemin)*, *The Desire of Ages*, and *The Great Controversy*)

    - Discipulat individuel
    - Programmes spécialisés à l'église sur le discipulat
    - Évaluation et répétition du processus

Tout au long de la formation, les leaders de l'église locale et vous-même prierez, demandant au Seigneur et à Son Saint-Esprit les trois étapes du processus: formation, transformation et reproduction.

Annexe C

Un rendez-vous de trois jours avec Dieu
Vivez une intimité plus profonde avec Jésus au sein de votre vie bien remplie

Tout au long de la Bible, les serviteurs du Seigneur sont décrits comme passant du temps de qualité et prolongé avec Dieu. La prière était leur arme la plus puissante. De l'apôtre Paul à Martin Luther en passant par Jean Calvin, réserver du temps pour prier faisait constamment partie de leur marche avec Dieu.

Je vous invite à vous joindre à moi dans ce voyage de trois jours de prière. Dieu vous réserve un grand nombre de choses.

Lignes directrices:

1. Fixez-vous un objectif personnel.

2. Préparez-vous spirituellement avant d'initier ces trois jours. Soyez enjoué à l'idée d'y participer. En cherchant Dieu sincèrement, Dieu vous donne l'assurance que vous Le trouverez: "Vous me chercherez et me trouverez si vous me cherchez de tout votre cœur " (Jérémie 29:13).

3. Soyez concentré. Évitez les distractions.

4. Écoutez la Parole du Seigneur.

5. Attendez-vous à de grandes bénédictions du Seigneur.

Quel que soit votre objectif personnel, tout au long de ces trois jours, cherchez sincèrement Dieu pour le Saint-Esprit, pour la transformation ainsi que la délivrance.

1. Saint Esprit

Chaque jour, vous avez besoin du Saint-Esprit. Il nous apprend à prier. " De même aussi l'Esprit nous aide dans notre faiblesse, car nous ne savons pas ce qu'il nous convient de demander dans nos prières. Mais l'Esprit lui-même intercède par des soupirs inexprimables " (Romains 8:26).

2. Transformation

En tant que disciple de Jésus, le but de Dieu pour vous est de vous aider à devenir semblable à Jésus.

3. Délivrance

Priez pour être délivré du diable. Vous ou un membre de votre famille pouvez être asservi par le diable sans en avoir conscience.

Jésus nous apprend à prier Dieu pour nous délivrer du mal. " Délivre-nous du malin " (Matthieu 6:13). C'est principalement lors d'un événement de possession démoniaque que nous pouvons voir que le diable agit à travers une personne. Mais le diable peut détruire une vie sans aucun signe d'avoir possédé cette personne. C'est pourquoi nous devons suivre ce que Jésus a dit: "Mais cette sorte de démon ne sort que par la prière et par le jeûne." (Matthieu 17:2).

Ces trois jours de prière peuvent être effectués pendant une demi-heure, une heure ou plus, et répétés toutes les trois heures chaque jour. Cela signifie que vous prierez à 6h00, 9h00, midi, 15h00 et 18h00.

Mentalement, restez dans une attitude de prière pendant que vous œuvrez à la maison, à votre travail, à l'école ou où que vous soyez.

Jour 1
La quête du Saint-Esprit

Première séance, 6h00.

- Lire le Psaume 51 et méditer, en particulier sur le verset 11.
- Interpréter des chants sur le Saint-Esprit.
- L'influence de Jésus était une expression de la puissance du Saint-Esprit en Lui.
- Jésus commença son ministère sous la direction du Saint-Esprit.

Méditer sur ce qui suit: "Alors Jésus, rempli du Saint-Esprit, revint du Jourdain, et il fut conduit par l'Esprit dans le désert " (Luc 4:1).

Méditer sur: "Puis Jésus, revêtu de la puissance de l'Esprit, retourna en Galilée, et sa renommée se répandit dans tout le pays d'alentour" (Luc 4:14).

- Priez pour l'onction du Saint-Esprit.

Deuxième séance, 9h00.

- Lire le Psaume 104 et méditer, en particulier sur le verset 30.
- Interpréter des chants sur le Saint-Esprit.
- Prendre conscience que votre niveau d'influence sur cette Terre dépendra de la mesure de l'onction du Saint-Esprit sur vous.
- Jésus vous a fait de nombreuses promesses concernant le Saint-Esprit.

Méditer sur ce qui suit:

Et moi, je vous dis: Demandez, et l'on vous donnera ; cherchez, et vous trouverez; frappez, et l'on vous ouvrira. Car quiconque demande reçoit, celui qui cherche trouve, et l'on ouvre à celui qui frappe. Quel est parmi vous le père qui donnera une pierre à son fils, s'il lui demande du pain? Ou, s'il demande un poisson, lui donnera-t-il un serpent au lieu d'un poisson? Ou s'il demande un œuf, lui donnera-t-il un scorpion? Si donc, méchants comme vous l'êtes, vous savez donner de bonnes choses à vos enfants, à combien plus forte raison le Père céleste donnera-t-il le Saint-Esprit à ceux qui le lui demandent! (Luc 9: 9-13).

- Prier pour l'onction du Saint-Esprit.

Troisième session, 12h00.

- Lire le Psaume 139 et méditer, en particulier sur le verset 7.
- Chanter des cantiques sur le Saint-Esprit.

Méditer sur: "Et moi, je prierai le Père, et Il vous donnera un autre consolateur, afin qu'il demeure éternellement avec vous, l'Esprit de vérité, que le monde ne peut recevoir, parce qu'il ne le voit point et ne le connaît point ; mais vous, vous le connaissez, car il demeure avec vous, et il sera en vous." (Jean 14: 16-17).

Quatrième session, 15h00.

- Relire le Psaume 139 et méditer, en particulier sur les versets 7, 23 et 24.
- Interpréter des chants sur le Saint-Esprit.

Méditer sur:

Après cela,

Je répandrai Mon Esprit sur toute chair;

Vos fils et vos filles prophétiseront,

Vos vieillards auront des songes,

Vos jeunes gens auront des visions.

Même sur les serviteurs et sur les servantes,

Dans ces jours-là, je répandrai Mon Esprit. (Joël 2:28-29)

- En tant que disciple de Jésus, votre vie doit être remplie du Saint-Esprit.
- Prier pour l'onction du Saint-Esprit.

Cinquième session, 18h00.

- Lire le Psaume 143 et méditer, en particulier sur le verset 10.
- Interpréter des chants sur le Saint-Esprit.

Méditer sur: "Et Pharaon dit à ses serviteurs: 'Trouverons-nous un homme tel que celui-ci, ayant en lui l'Esprit de Dieu?'" (Genèse 41:38).

Prier la prière de Jacob. Aujourd'hui, vous devez réaliser que Jésus veut vous remplir du Saint-Esprit. C'est le jour pour dire, tel que le fit Jacob: "Je ne te laisserai pas partir à moins que tu ne me bénisses!" (Genèse 32:26).

- Se rappeler que votre niveau d'influence sur cette Terre dépendra de la mesure de l'onction du Saint-Esprit sur vous.
- Prier pour l'onction du Saint-Esprit.

Jour 2
La quête de la transformation

Première séance, 6h00.

- Lire le Psaume 6.
- Interpréter des chants sur la transformation.
- Chacun de nous a besoin de transformation. C'est un voyage de toute une vie.
- Vous ne pouvez pas être un disciple de Jésus sans une transformation profonde de votre cœur. Seul le Saint-Esprit est en mesure d'effectuer ce travail à l'intérieur de vous. La bonne nouvelle est que la puissance du Saint-Esprit peut transformer n'importe quel cœur. Jésus ne veut que votre bonne volonté et votre obéissance.

Méditez sur ce qui suit: "Repentez-vous donc et convertissez-vous, afin que vos péchés soient effacés, afin que des temps de rafraîchissement viennent de la part du Seigneur" (Actes 3:19).

- Prier pour votre transformation.

Deuxième séance, 9h00.

- Lire le Psaume 139.
- Interpréter des chants sur la transformation.

Méditer sur: "Mais le fruit de l'Esprit, c'est l'amour, la joie, la paix, la patience, la gentillesse, la bonté, la fidélité, la douceur et la tempérance. Contre de telles choses, il n'y a pas de loi" (Galates 5:22-23).

- Prier pour votre transformation.

Troisième session, 12h00.

- Lire le Psaume 23.
- Interpréter des chants sur la transformation.

Méditer sur: "Ne vous conformez pas au siècle présent, mais soyez transformé par le renouvellement de l'intelligence, afin que vous discerniez quelle est la volonté de Dieu, ce qui est bon, agréable et parfait" (Romains 12:2).

- Prier pour votre transformation.

Quatrième session, 15h00.

- Lire le Psaume 22.
- Interpréter des chants sur la transformation.
- Méditer sur: "Nous tous qui, le visage découvert, contemplons comme dans un miroir la gloire du Seigneur, nous sommes transformés en la même image, de gloire en gloire, comme par le Seigneur, l'Esprit" (2 Corinthiens 318).
- Prier pour votre transformation.

Cinquième session, 18h00.

- Lire le Psaume 139:23–24.
- Interpréter des chants sur la transformation.

Méditer sur: "J'ai été crucifié avec Christ ; et si je vis, ce n'est plus moi qui vis, c'est Christ qui vit en moi ; si je vis maintenant dans la chair, je vis dans la foi au Fils de Dieu, qui m'a aimé et qui s'est livré Lui-même pour moi." (Galates 2:20).

- Prier pour votre transformation.

Jour 3
La quête de la délivrance

Première séance, 6h00.

- Prendre le temps de louer Dieu avec le Psaume 136.
- Lire le Psaume 46.
- Interpréter des chants sur la délivrance.
- Méditer sur: "L'Éternel est mon rocher, ma forteresse, mon libérateur " (2 Samuel 22: 2).
- Prier pour la délivrance spirituelle du mal et des mauvaises habitudes.

Deuxième séance, 9h00.

- Lire le Psaume 31.
- Interpréter des chants sur la délivrance.

Méditer sur: "Délivre-moi, de mes ennemis, Ô Éternel! Auprès de Toi, je cherche un refuge " (Psaume 143:9). Dans votre plaidoyer pour la délivrance, ne vous souciez pas seulement de votre propre bien-être, mais demandez aussi la gloire de Dieu: "À cause de Ton nom, Éternel, rends-moi la vie! Dans Ta justice, retire mon âme de la détresse!" (Psaume 143: 11).

- Prier pour la délivrance des ennemis.

Troisième session, 12h00.

- Lire les Psaumes 35 et 91.
- Interpréter des chants sur la délivrance.

Méditer sur:

Et il bénit Joseph, et dit:

"Que le Dieu en présence duquel ont marché mes pères Abraham et
Isaac,

Que le Dieu qui m'a conduit depuis que j'existe jusqu'à ce jour,

Que l'Ange qui m'a délivré de tout mal,

Bénisse ces enfants! Qu'ils soient appelés de mon nom,

Et du nom de mes pères, Abraham et Isaac,

Et qu'ils multiplient en abondance au milieu du pays!"
(Genèse 48:15-16).

- Prier pour votre délivrance et celle de votre famille.

Quatrième session, 15h00.

- Lire le Psaume 68.
- Interpréter des chants sur la délivrance.

Méditer sur:

Écoutez-moi, maison de Jacob,

Et vous tous, restes de la maison d'Israël,

Vous que j'ai pris à ma charge dès votre origine,

Que j'ai portés dès votre naissance:

Jusqu'à votre vieillesse, je serai le même,

Jusqu'à votre vieillesse, je vous soutiendrai!

Je l'ai fait et je veux encore vous porter,

Vous soutenir et vous sauver (Ésaïe 46:3-4).

- Remercier Dieu pour sa délivrance et ses soins.

Cinquième session, 15h00.

- Lire le Psaume 22 et le Psaume 20.
- Interpréter des chants sur la délivrance et les louanges.

Méditer sur:

Oui, le Dieu de ton père viendra à ton secours,

Et le Tout-Puissant te bénira.

Avec les bénédictions d'en haut,

Par des pluies abondantes et par des eaux d'en bas,

Où repose l'abîme, par de nombreux enfants et beaucoup de

troupeaux.

Les bénédictions de ton père

Surpassent celles des montagnes antiques,

Et les meilleurs produits des collines anciennes.

Que ces bénédictions soient sur la tête de Joseph,

et sur le front |du prince de ses frères

(Genèse 49: 25-26).

- Remercier Jésus pour ces trois jours en profonde intimité avec Lui en tant que disciple.
- En tant que disciple de Jésus, revendiquer Sa puissance et Son autorité.
- Louer Dieu pour Ses bénédictions sur votre vie.

Et l'Éternel s'adressa à Moïse, et dit: "Parle à Aaron et à ses fils",

ajoutant: "Vous bénirez les enfants d'Israël.

Vous leur direz: "Que l'Éternel te bénisse, et qu'Il te garde!

Que l'Éternel fasse luire Sa face sur toi,

Et qu'il t'accorde Sa grâce!

Que l'Éternel tourne Sa face vers toi,

Et qu'Il te donne la paix!"

C'est ainsi qu'ils mettront mon nom sur les enfants d'Israël, et je les

bénirai"

(Nombres 6: 22–27).

Bill Gates prend généralement une semaine, deux fois par an, pour échapper au bruit de ce monde. Il appelle cette semaine "Think week" sa "semaine de réflexion". Durant cette semaine, il reste seul et se consacre à la pensée, la lecture et la réflexion. Cette habitude a aiguisé sa vision de faire plus et mieux pour Microsoft. En ce qui vous concerne, en plus de votre marche quotidienne avec Dieu, je souhaite vous encourager à développer une culture de rencontre avec Dieu de temps en temps en vue de vous renouveler et de consolider votre relation avec Jésus en tant que disciple. Ces trois jours de prière peuvent être répétés à une autre occasion tels qu'ils sont écrits ici, ou avec vos propres passages bibliques. Mais ne vous arrêtez pas là ; développez une nouvelle culture spirituelle. Vous êtes unique et spécial. Dieu fera "infiniment au-delà de tout ce que nous demandons ou pensons" (Éphésiens 3:20).

REMERCIEMENTS

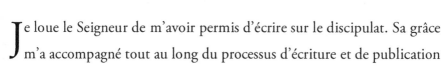

J e loue le Seigneur de m'avoir permis d'écrire sur le discipulat. Sa grâce m'a accompagné tout au long du processus d'écriture et de publication de ce livre. Je peux dire: "Toutes mes sources sont en toi" (Psaume 87:7).

Un livre n'est en aucun cas une entreprise solitaire. Tant de personnes m'ont apporté un soutien considérable pour accomplir ce travail. J'en oublie certainement quelques-unes, mais je tiens tout particulièrement à remercier les personnes suivantes:

- Mon épouse bien-aimée, Gina, et mes trois enfants, Ginaldy, David et Daniela, pour leur soutien et leurs encouragements. Ils m'incitent constamment à faire plus. Je n'aurais jamais pu terminer ce livre sans l'aide sacrificielle de Gina et les idées étonnantes de mes enfants. Ma famille est ma véritable inspiration. Je leur serai à jamais reconnaissant pour leur amour inconditionnel.

- Lourise, Annalee Simone et Evelynn Marie pour leurs encouragements particuliers.

- Camille Lauren pour son expertise.

- Les membres de l'église, les membres des ministères de *Parole Delivrance* et les professeurs et étudiants de la cohorte de doctorants 2017 pour leur soutien.

- Gerson P. Santos, Tony Anobile, Jose Cortes Jr., G.Earl Knight, Pierre Omeler, Jose Joseph, Bordes Henry Saturne, Daniel

Honore, Henry Beras, Alanzon Smith, Reginald Barthelemy, Ainsworth E. Joseph, Pedro Conzales, Stephen Wayne Pilgrim, Juan Carlos Niño de Guzmán Miranda, Jose Girarte, Manuel Rosario, Ariel Manzuete, Samuel Peguero, Smith Olivier, Geodaly Augustin et Came et Joseph Charles pour leur soutien.

- Gipsy Paladini pour son eoeuvre exceptionelle à la version française de ce livre.

- L'Équipe de lancement du livre pour leur travail inlassable.

- Les Coordonnateurs, les pasteurs et laïcs de tous les groupes ethniques des Conférences.

ENDOSSEMENTS DU LIVRE

Au cours des dernières décennies, les registres d'adhésion des Adventistes du Septième Jour ont signalé une perte d'environ quarante pour cent. Il vaut la peine de se rappeler que la perte d'adhésion n'est pas propre à cette dénomination. Au cours des dernières années, les principales dénominations nord-américaines ont perdu un tiers de leurs membres. Les leaders chrétiens attribuent la situation actuelle à un discipulat défectueux. Le problème fondamental de l'Église est qu'elle incarne un discipulat superficiel. Le Dr Charles nous rappelle certaines considérations bibliques essentielles sur le discipulat, répondant à certaines des questions les plus importantes concernant ce sujet crucial.

Gerson P. Santos, DMin
Secrétaire Associé, Conférence Générale des Adventistes du Septième Jour

Dans ce livre Dr. R. Jean-Marie Charles a fait un excellent travail en expliquant l'importance et le processus du discipulat.

G. Earl Knight
Président de l'Union Atlantique

À une époque où la majorité des membres de l'église se sentent satisfaits de leur simple présence à l'église, et où d'autres semblent penser que la participation à des services religieux dans les murs physiques (ou virtuels) sûrs et confortables de l'église en fait des disciples, Jésus cherche des serviteurs. Des disciples qui ont reçu Sa grâce, des personnes qui partagent les priorités de leur Maître, des disciples qui L'aiment, Le cherchent et s'associent avec Lui pour sauver des parents, des voisins et des collègues. Des disciples qui ne seront satisfaits que lorsqu'ils conduiront quelqu'un aux pieds de leur Sauveur.

Dans ce livre, le Dr Robert J. Charles partage son cœur de disciple. Sa compréhension biblique claire de l'appel ainsi que les applications fort pratiques à une vie de disciple font de ce livre une lecture incontournable.

Jose Cortes Jr., Directeur Ministériel Associé pour l'Évangélisation Division Nord-Américaine des Adventistes du Septième Jour

Choisi pour être un disciple est un cri du cœur passionné d'un leader spirituel qui peut témoigner du besoin urgent d'un discipulat authentique au sein de nos églises. Dénonçant la machination du diable qui recourt à l'obscurcissement pour freiner le voyage ascendant du peuple de Dieu, le Dr Charles propose des directives claires et pratiques pour une approche cohérente et significative de la croissance spirituelle. Cette publication opportune aidera le peuple choisi de Dieu à prospérer dans un monde antagoniste et à atteindre "la mesure de la stature parfaite du Christ" (Éphésiens 4:13).

Dr. Bordes Henry Saturné, MEd, MTh, PhD

Director du Département de Leadership de l'Université Andrews

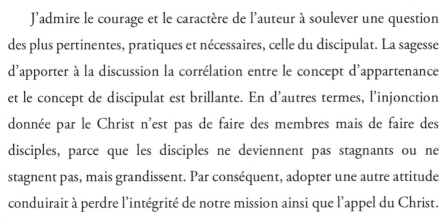

J'admire le courage et le caractère de l'auteur à soulever une question des plus pertinentes, pratiques et nécessaires, celle du discipulat. La sagesse d'apporter à la discussion la corrélation entre le concept d'appartenance et le concept de discipulat est brillante. En d'autres termes, l'injonction donnée par le Christ n'est pas de faire des membres mais de faire des disciples, parce que les disciples ne deviennent pas stagnants ou ne stagnent pas, mais grandissent. Par conséquent, adopter une autre attitude conduirait à perdre l'intégrité de notre mission ainsi que l'appel du Christ.

La beauté du livre, cependant, réside dans sa praticité. Il répond aux questions "Pourquoi être un disciple?", "Comment être un disciple?" et "Que fait un disciple?" Dans le "pourquoi", "comment" et "quoi" se trouvent les réponses à l'accomplissement d'être choisi pour être un disciple. Il aide le lecteur à comprendre et à explorer la nécessité d'être un disciple du Christ, en particulier au XXIe siècle. Je recommande vivement ce livre à tous les pasteurs, leaders, officiers et membres. Il ne s'agit pas d'une réplique des autres livres sur le discipulat, mais d'un regard neuf sur un sujet pertinent émis avec clarté et honnêteté. Sans oublier que les conclusions tirées et les implications données sont basées sur les principes bibliques.

Dr. Alanzo Smith

Secrétaire Exécutif, Conférence de la Greater New York

Je recommande vivement ce livre à tous les lecteurs qui souhaitent approfondir leurs connaissances sur le discipulat. Dans ce livre, en plus d'explorer les questions critiques du discipulat, le Dr Charles étudie habilement la substance du discipulat. Que vous souhaitiez savoir comment être un bon disciple ou que vous souhaitiez savoir comment faire d'autres disciples, ce livre est une lecture incontournable pour vous. *Choisi pour être un disciple* devrait être dans la bibliothèque de quiconque souhaite exceller dans la mission de faire des disciples.

Dr. Pierre E. Omeler
Secrétaire Exécutif, Conférence de l'Union Atlantique

Pendant de nombreuses années, l'Église a suivi un concept déformé de la Grande Commission qui se concentre sur l'obtention du plus grand nombre de baptêmes. La conséquence involontaire a entraîné une augmentation de la mortalité spirituelle de l'Église. Les rouleaux d'adhésion se remplissent tandis que les bancs se vident. Robert J. Charles nous met au défi, avec passion, de reconsidérer la Grande Commission à travers le prisme du discipulat. Au fond, le discipulat ne consiste pas à ajouter des chiffres à la liste, mais plutôt à réconcilier les pécheurs avec un Dieu aimant. Le commandement de faire des disciples nous oblige à donner du pouvoir aux autres en leur enseignant le chemin vers une relation éternelle avec Dieu. L'approche simple, mais profonde, de l'auteur pour gagner des âmes réajuste notre approche de l'évangélisation en nous incitant à nous recentrer sur la nécessité d'un engagement à long terme envers le Christ et Sa cause.

Dr. Daniel Honoré
Président, Conférence Nord-Est des Adventistes du Septième Jour

Ce livre a été inspiré par Dieu. Il arrive au bon moment où les Leaders de Église Mondiale mettent de l'accent sur " Faire des Disciple "... Je recommande fortement ce livre à tous les chrétiens. En lisant ce livre, prions pour que le Saint-Esprit nous aide, comme les chrétiens de l'Église primitive, à participer dans cettre dernière explosion évangélique de notre monde.

Dr. Jose L Joseph, ND. CFLE. Vice-Président
Atlantic Union Conference

Choisi pour être un disciple est un livre incontournable pour tous ceux qui désirent devenir disciples du Christ et faire des disciples pour le Christ. Il n'est pas seulement théorique, il s'avère également fort pratique. Robert J. Charles a fait un travail exceptionnel en nous rappelant que la clé de la croissance spirituelle est de passer du temps avec Dieu et de lire la Bible. Il nous enseigne les étapes pour devenir des disciples et atteindre plus de gens pour le royaume de Dieu. Ce livre se révélera sans aucun doute utile et précieux pour les pasteurs, les leaders, les laïcs et les familles du monde entier. Je crois que tous ceux qui liront ce livre en seront bénis. Cela conduira certainement les personnes à une marche plus proche avec Jésus. Je recommande vivement ce livre à tous ceux qui aspirent à ce genre de relation.

Dr. Reginald R. Barthelemy, DMin, PhD

Secrétaire Ministériel et Directeur des Ministères des Hommes,

Conférence de la Greater New York des Adventistes du Septième Jour

Le livre *Choisi pour être un disciple* reflète une passion pourvue par Dieu à Robert J. Charles, en suscitant une vision qui aborde un phénomène croissant dans l'Église adventiste du septième jour et, j'ose le dire, dans les dénominations chrétiennes en général. Plusieurs éléments concernant ce livre en font une lecture incontournable. **En premier**, il évite l'utilisation d'un langage complexe, ce qui le rend facile à lire pour quiconque. **En deuxième**, il aide le lecteur à comprendre son rôle personnel et sa relation avec Christ et l'Église en tant que disciple de Jésus. Chaque chapitre se termine par une application personnelle et une prière recommandée. **Troisièmement**, il offre des étapes pratiques pour devenir un disciple efficace. **Quatrièmement**, il est fondé sur les Écritures, ce qui le démarque des autres œuvres qui peuvent n'être que de simples opinions humaines sur le sujet. **Pour terminer**, il a été conçu grâce à une étude et une conception empiriques, si bien que l'esprit académique peut également être engagé et familiarisé avec le contenu.

Choisi pour être un disciple se révèle perspicace et pertinent pour l'époque. Le contenu est transculturel. Par conséquent, les pasteurs peuvent l'utiliser comme une ressource supplémentaire pour la formation des disciples avec leur congrégation. C'est donc avec grand plaisir que j'approuve et recommande *Choisi pour être un disciple* comme une publication opportune et utile.

Dr. Ainsworth E. Joseph, PhD, DMin
Directeur Ministériel, Conférence Nord-Est

Le Dr Charles a sans aucun doute atteint son objectif, et ce n'est ni la chair ni le sang qui le lui a révélé. J'apprécie la façon dont il associe le discipulat à des aspects cruciaux tels que l'œuvre du Saint-Esprit, le ministère de Jésus et le processus de multiplication de l'Église. En outre, la structure du livre du pourquoi, du comment et du quoi est brillant et didactique. Je félicite l'auteur et vous encourage à le lire, à l'appliquer et à le partager. Recevons ce pain du ciel avec gratitude et action de grâce.

Dr. Manuel A. Rosario
Directeur des Ministères personnels et de l'École du Sabbat,
Conférence de la Greater New York des Adventistes du Septième Jour

J'ai été inspiré et motivé en lisant *Choisi pour être un disciple*. Le Dr Charles nous propose ici un livre bien documenté et pratique pour le discipulat. Il écrit avec passion et sincérité, puisant dans les écrits inspirés et une longue lignée de chercheurs et d'auteurs passionnés par le sujet. Dans cet ouvrage, le lecteur trouvera des idées pratiques qui l'encourageront dans son cheminement de disciple, et les leaders d'église trouveront des outils pour développer une stratégie de discipulat pour leurs congrégations. Je souhaite que chaque adolescent et jeune adulte prenne le temps d'apprécier ces pages.

Pr. Lt. Ariel Manzueta
Directeur de la Jeunesse, Conférence de la Greater New York

Je crois que chaque membre d'église devrait lire ce livre. Nous nous félicitons de cette nouvelle publication du Dr Robert J. Charles. *Choisi pour être un disciple* est une ressource spirituelle, pratique et bien documentée qui définit et explique le chemin vers un discipulat stratégique réussi. Je pense que chaque membre d'église devrait lire ce livre et mettre en pratique ses enseignements.

Dr. Samuel Peguero
Directeur des Ministères de la Famille / Ministères des célibataires
Pasteur principal, Église espagnole de la perspective SDA
Conférence de la Greater New York de la SDA

BIOGRAPHIE DE L'AUTEUR

---◆-◆-◆---

Robert J. Charles, PhD, DMin., est impliqué dans le ministère évangélique depuis plus de 30 ans, aidant les adultes, les jeunes et les enfants à transformer leur vie par la grâce de Dieu. Il fut administrateur et doyen du séminaire théologique. Actuellement, il œuvre en tant que Coordinateur des Ministères Ethniques à la Greater New York Conference et Conseiller à l'Université Andrews pour le programme de DMin. Sa passion est de sauver des âmes pour Jésus et de former les autres pour la gloire de Dieu. Lui et son épouse aimante, Gina, travaillent en équipe et ont trois enfants: Ginaldy, David et Daniela.

À PROPOS DU LIVRE

———◆—◆—◆———

De nombreuses personnes viennent à Jésus chaque année, mais beaucoup d'entre elles Le quittent peu de temps après. C'est l'une des préoccupations majeures de l'Église à l'heure actuelle.

Pourquoi cela arrive-t-il? Quelles en sont les raisons? Ce livre décrit comment la culture de non-discipulat du christianisme d'aujourd'hui est l'une des principales raisons à ce problème.

Dans ce livre, vous comprendrez les réponses aux questions suivantes: Pourquoi devez-vous être un disciple? Comment pouvez-vous être un disciple? Que fait un disciple?

Les avantages suivants seront les vôtres:

1. Savoir que l'on est choisi par Dieu pour un but incroyable sur cette Terre

2. Découvrir la joie et l'épanouissement d'être un disciple

3. Libérer son plein potentiel en tant que disciple

4. Vivre en tant que disciple du Christ en ces temps post-COVID-19

5. Profiter de ce que Dieu nous réserve en tant que disciple

CONTACTEZ L'AUTEUR

Visitez le site: **robertjcharles.com**

RESSOURCES

Visitez le site www.disciplesmaker.org

Regardez nos vidéos sur le YouTube Channel Parole Delivrance

Visitez le Podcast www.paroledelivrance.com

Visitez le site www.paroledelivrance.org

BIBLIOGRAPHIE

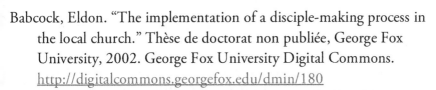

Babcock, Eldon. "The implementation of a disciple-making process in the local church." Thèse de doctorat non publiée, George Fox University, 2002. George Fox University Digital Commons. http://digitalcommons.georgefox.edu/dmin/180

Begg, Alistair. "Five truths about the Holy Spirit." Ligonier Ministries. Last modified January 29, 2021. https://www.ligonier.org/blog/five-truths-about-holy-spirit/

Bennett, Ron. *Intentional disciplemaking: Cultivating spiritual maturity in the local church.* Colorado Springs: NavPress, 2001.

Brosius, Kevin M. "Culture and the church's discipleship strategy." *Journal of Ministry & Theology* 21, no. 1 (2017): 123–157. https://www.clarkssummitu.edu/wp-content/uploads/2018/06/Brosius%E2%80%93Culture-and-the-Church.pdf

Brown, Mark R. "By this they will know: Discipleship principles to transform the church." Thèse de doctorat non publiée, Liberty University, 2012. Liberty University Digital Commons. https://digitalcommons.liberty.edu/doctoral/596/

Bullón, Alejandro. *Total member involvement: A call to serve.* Silver Spring: Review & Herald Publishing Association, 2017.

Chenou, Jean-Marie. "From cyber-libertarianism to neoliberalism: Internet exceptionalism, multi-stakeholderism, and the institutionalisation of internet governance in the 1990s." *Globalizations* 11, no. 2 (2014): 205–223. https://doi.org/10.1080/14747731.2014.887387

Chisholm, David. "Formulating a covenant of discipleship for the membership of the Gwinnett Church of Christ." Thèse de doctorat non publiée, Abilene Christian University, 2016. Abilene Christian University Digital Commons. https://digitalcommons.acu.edu/dmin_theses/25/

Cole, Dave, et Jon Wren. *Re-focus: Creating an outward-focused church culture.* Outward-Focused Network, 2018.

Cox, William F. Jr., et Robert A. Peck. "Christian education as discipleship formation." *Christian Education Journal* 15, no. 2 (2018): 243–261. https://doi.org/10.1177/0739891318778859

Eims, Leroy, et Robert E. Coleman. *The lost art of disciple-making.* Grand Rapids: Zondervan, 2009.

Elliott-Hart, Tirrell M. "Educating for discipleship in consumer culture: Promising practices rooted in the pastoral circle." Thèse de doctorat non publiée, Boston College, 2011. Boston College Libraries. http://hdl.handle.net/2345/1942

Gallo, Carmine. "The art of persuasion hasn't changed in 2,000 years." Harvard Business Review. Last modified July 15, 2019. https://hbr.org/2019/07/the-art-of-persuasion-hasnt-changed-in-2000-years?utm_medium=email&utm_source=newsletter_daily&utm_campaign=mtod_notactsubs.

Green IV, John T. "An analysis of the discipleship strategy of Robert Emerson Coleman." Thèse de doctorat non publiée, The Southern Baptist Theological Seminary, 2012. The Southern Baptist Theological Seminary Digital Library. https://digital.library.sbts.edu/handle/10392/3963?show=full

Haigh, Thomas, Andrew L. Russell, et William H. Dutton. "Histories of the internet: Introducing a special issue of information & culture." *Information & Culture* 50, no. 2 (2015): 143–159. https://doi.org/10.7560/IC50201

Harrington, Bobby, et Jim Putman. *DiscipleShift: Five steps that help your church to make disciples who make disciples.* Grand Rapids: Zondervan, 2013.

Harrington, Bobby, et Josh R. Patrick. *The disciple maker's handbook: Seven elements of a discipleship lifestyle.* Grand Rapids: Zondervan, 2017.

Hawkins, Aly, David Kinnaman, et Mark Matlock. *Faith for exiles: 5 ways for a new generation to follow Jesus in Digital Babylon.* Grand Rapids: Baker Books, 2019.

Hilgemann, Brandon. "12 spiritual disciplines that will make your faith strong." Church Leaders. Last modified May 9, 2018. https://churchleaders.com/outreach-missions/outreach-missions-articles/325192-12-spiritual-disciplines-that-will-make-your-faith-strong-brandon-hilgemann.html

Hull, Bill. *The complete book of discipleship: On being and making followers of Christ.* Colorado Springs: NavPress, 2006.

Hull, Bill. *The disciple-making church: Leading a body of believers on the journey of faith.* Grand Rapids: Baker Books, 2010.

Hull, Bill. *The disciple-making pastor—Leading others on the journey of faith.* Ada Township: Baker Books, 2007.

Hull, Bill, et Bobby Harrington. *Evangelism or discipleship: Can they effectively work together?.* Exponential, 2014.

Kaplan, Robert S., et David P. Norton. *Alignment: Using the balanced scorecard to create corporate synergies.* Boston: Harvard Business School Publishing Corporation, 2006.

Kersting, Thomas J. *Disconnected: How to protect your kids from the harmful effects of device dependency.* Grand Rapids: Baker Books, 2016.

Kidder, S. J. *Moving your church: Becoming a spirit-led community.* Nampa: Pacific Press Publishing Association, 2015.

Knight, G. E. "Closing the back door." The Atlantic Union Gleaner. Last modified November 2019. https://atlanticuniongleaner.org/editorials/2019/closing-the-back-door/

Levitin, Daniel J. L'Esprit organisé. Translated by Marianne Colombier. Paris: Héloïse d'Ormesson, 2018.

Lynn, Jeffrey. "Making disciples of Jesus Christ: Investigating, identifying, and implementing an effective discipleship system." Thèse de doctorat non publiée, Liberty University, 2014. Liberty University Digital Commons. https://digitalcommons.liberty.edu/doctoral/878

McKeown, Greg. L'essentialisme: Faire moins mais mieux! L'art d'être réellement efficace. Translated by Elisa Guenon. Paris: Guy Trédaniel, 2018.

McKnight, Scot. The King Jesus Gospel: The original good news revisited. Grand Rapids: Zondervan, 2016.

Moore, Waylon B. The multiplier: Making disciple makers. New York: Christ Disciples Ministries, 2013.

Murrell, Steve, et William Murrell. The multiplication challenge: A strategy to solve your leadership shortage. Lake Mary: Creation House, 2016.

Onyinah, Opoku. "The meaning of discipleship." International Review of Mission 106, no. 2 (2017): 216–227. https://doi.org/10.1111/irom.12181

Petrie, Kevin, Sherry J. Hattingh, Rick Ferret, Kayle de Waal, Lindsay Morton, et Julie-Anne Heise. "Developing a discipleship measurement tool." Journal of Adventist Mission Studies 12, no. 2 (2016): 86-104. http://digitalcommons.andrews.edu/jams/vol12/iss2/9

Quotetab. "Martin Luther quotations about prayer." Accessed June 2, 2021. https://www.quotetab.com/martin-luther-quotes-about-prayer

Roxburgh, Alan J., et Fred Romanuk. *The missional leader: Equipping your church to reach a changing world*. Minneapolis: Fortress Press, 2020.

Seifert, Vanessa M. "Discipleship as a catalyst for personal transformation in the Christian faith." Thèse de doctorat non publiée, University of the Incarnate Word, 2013. The Athenaeum. https://athenaeum.uiw.edu/uiw_etds/45.

Thomas, Helene, ed. *Mentor's guide: A companion resource to the Discipleship Handbook*. Michigan: Training Center Church, 2015.

Travis, James. "Discipline in the new testament." *Pastoral Psychology* 16, no. 9 (1965): 12–21. https://doi.org/10.1007/bf01793446

Trim, David. *Statistical report: Missions trends and progress*. Adventist Archives, 2018. https://documents.adventistarchives.org/ArchivesPublications/2018%20Annual%20Council%20-%20Statistical%20Report,%20David%20Trim.pdf

Tyrrell, Joi. "Jesus cares: We must care too!" The Atlantic Union Gleaner. Last modified November 2019. https://atlanticuniongleaner.org/features/2019/jesus-cares-we-must-care-too/

Wegner, Rob, et Jack Magruder. *Missional moves: 15 tectonic shifts that transform churches, communities, and the world*. Grand Rapids: Zondervan, 2012.

Wester, Rogier, et John Koster. "The software behind Moore's Law." *IEEE Software* 46, no. 10 (2015): 66–72. https://doi.org/10.1109/MC.2013.7

White, Ellen G. "Letter 50." In *Letters and Manuscripts*, vol. 7. Washington: Ellen G. White Estate, Inc., 1891.

———. "Letter 73." In *Letters and Manuscripts*, vol. 11. Washington: Ellen G. White Estate, Inc., 1896.

———. "Manuscript 105." In *Letters and Manuscripts*, vol. 9. Washington: Ellen G. White Estate, Inc., 1894.

———. "Manuscript 15: Christian integrity in the ministry." In *Letters and Manuscripts*, vol. 4. Washington: Ellen G. White Estate, Inc., 1886.

———. "May 28, 1913: Courage in the Lord." In *The General Conference Bulletin*. Washington: Ellen G. White Estate, Inc., 1895.

———. *A Solemn Appeal*. Battle Creek: Seventh-day Adventist Publishing Association, 1870.

———. *Christ's Object Lessons*. Washington: Ellen G. White Estate, Inc., 2010.

———. *Christian service: A compilation*. Hagerstown: Review and Herald Publishing Association, 2002.

———. *Conseils aux éducateurs aux parents et aux étudiants*. Washington: Ellen G. White Estate, Inc., 2012.

———. *Counsels on Diet and Foods*. Hagerstown: Review and Herald Publishing Association, 1938.

———. *Education*. Washington: Ellen G. White Estate, Inc., 2010.

———. *Evangelism*. Washington: Ellen G. White Estate, Inc., 2010.

———. *Gospel Workers*. Hagerstown: Review and Herald Publishing Association, 1915.

———. *La grande controverse*. Washington: Ellen G. White Estate, Inc., 2018.

———. *Mind, Character, and Personality*, vol. 1. Nashville: Southern Publishing Association, 1977.

———. *Pastoral Ministry*. Washington: Ellen G. White Estate, Inc., 2010.

———. *Prophètes et rois*. Dammarie Les Lys: Editions S.D.T., 1976.

———. *Prophets and Kings*. Washington: Ellen G. White Estate, Inc., 2018.

———. *Service chrétien*. Washington: Ellen G. White Estate, Inc, 2010.

———. *Steps to Christ*. Scotts Valley: CreateSpace Independent Publishing Platform, 2009.

———. *Témoignages pour l'Église*. Vol. 2, 4-6, 8, 9. Washington: Ellen G. White Estate, Inc, 2010.

———. *The Acts of the Apostles*. Scotts Valley: Createspace Independent Publishing Platform, 2014.

———. *The Desire of Ages*. Mountain View: Pacific Press Publishing Association, 1898.

———. *The Ellen G. White 1888 Materials*. Washington: Ellen G. White Estate, Inc., 1888.

———. *The Youth's Instructor Articles*. Scotts Valley: Createspace Independent Publishing Platform, 2014.

Whitmore, W. "The branch is linked to the vine." *International Review of Mission* 107, no. 2 (2018): 472–482. https://doi.org/10.1111/irom.12244

Whitney, Donald S. *Spiritual disciplines for the Christian life*. Colorado Springs: NavPress, 2014.

Willard, Dallas. *The great omission: Reclaiming Jesus's essential teachings on discipleship*. San Francisco: HarperOne, 2006.

Made in the USA
Middletown, DE
22 October 2021